POLYGLOTT **on tour**

Oman

W0229208

Vereinigte Arabische Emirate

Der Autor
Henning Neuschäffer
lebte und arbeitete mehrere Jahre
in Oman und den Emiraten. Seine
große Liebe gilt der Wüste, bis heute führt er regelmäßig Reisegruppen auf die Arabische Halbinsel –
und fast immer gelingt es ihm,
seine Gäste mit seiner Begeisterung
anzustecken.

Reiseplanung

Land & Leute

3

Das Emirat Abu Dhabi

Abu Dhabi, die moderne Hauptstadt der Vereinigten Arabischen
Emirate, ist Ausgangspunkt für den Besuch der Desert Islands,
der Liwa-Oasen und der Gartenstadt Al-Ain.

Das Emirat Dubai

Höher, größer, spektakulärer – Dubai macht mit gigantischen
Bauprojekten von sich reden: Skifahren mitten in der Wüste,
künstliche Palmeninseln und XXL-Freizeitparks.

Sharjah und seine kleinen Nachbaremirate 146

Das Emirat Sharjah überrascht mit liebevoll gestalteten Museen, aber auch mit seinen schönen Stränden am Golf von Oman. Seine vier kleinen Nachbar-Emirate sind vor allem als ruhige Badedestinationen populär.

Infos von A–Z 159

Karten

Reiseplanung

Die Reiseregion im Überblick

Oman

Das Sultanat Oman gewinnt Besucher durch seine landschaftliche Vielfalt und das freundliche Wesen seiner Bewohner sehr schnell für sich. Das Land besitzt 1700 km Küstenlinie mit leeren Stränden sowie hoch aufragende Gipfel mit steilen Pisten, die zu grünen Bergoasen oder in die größte Sandwüste unseres Planeten, das Leere Viertel, führen.

Im Vergleich zu anderen Metropolen ist die Hauptstadt **Masqat** gemütlich. Touristen erwartet eine übersichtliche, saubere und vor allem grüne Stadt, die sich in einigen Vierteln etwas von ihrem historischen Charme bewahrt hat. In den felsigen Buchten der Küste lässt es sich herrlich baden; entlang der Küste von Masqat stehen viele Badehotels.

Der **Nord-Oman** ist ein sehr abwechslungsreiches Gebiet: Dominiert wird die Region von der Wahiba-Wüste und dem Hajar-Gebirge, die sich auf abenteuerlichen Wegen erkunden lassen. Aufwendig restaurierte Festungen vermitteln ein lebendiges Bild von der Vergangenheit, und in den Oasen werden heute noch traditionelle Märkte abgehalten.

Derzeit reisen vergleichsweise wenige Besucher in den über 1000 km von der Hauptstadt entfernten Süden Omans, das **Weihrauchland Dhofar**. Dabei liegen hier einige der schönsten Badestrände: kilometerlang und stellenweise von Kokospalmen gesäumt. Auf Tagesausflügen besucht man Ruinen vergangener Königreiche oder erlebt die Naturwunder der umliegenden Dhofar-Berge. In den Wadis wird Weihrauch geerntet. Und während im Sommer die Bevölkerung der Arabischen Halbinsel bei Temperaturen bis zu 50°C schmachtet, sind es im Süden Omans angenehme 30°C. Der Monsun sorgt von Mai bis September nicht nur für niedrigere Temperaturen, sondern auch für hohe Feuchtigkeit. Deshalb gedeihen hier seltene Pflanzen, die Hänge sind von sattem Grün überzogen. Hinter den Bergen erstrecken sich die Sandberge des Leeren Viertels, wo man sich im Dünenfahren üben kann.

Vereinigte Arabische Emirate (VAE)

In den Vereinigten Arabischen Emiraten konzentriert sich der Tourismus auf die an der Küste liegenden Städte der sieben Scheichtümer. Doch damit wird man der herrlichen Landschaft ringsherum nicht gerecht. Durch einige Täler fließt ganzjährig klares Wasser in natürliche Badepools. Am Nachmittag werfen Dünen bizarre Schatten in die Wüstenlandschaft, und wenn die Sonne über dem Persischen Golf versinkt, erholt man sich an den weißen Stränden von der Hitze des Tages.

Das **Emirat Abu Dhabi** bietet landschaftliche Vielfalt und zwei große Städte mit Märkten, Parkanlagen, Einkaufszentren und breitem Sport-

Einsame Strände gibt es nicht mehr in allen Emiraten

angebot. In der Küstenstadt Abu Dhabi finden Urlauber ein wachsendes Angebot luxuriöser Badehotels, in den Wolkenkratzerschluchten versteckt sich manch historisches Kleinod. Sein kulturelles Angebot erweiterte Abu Dhabi durch den Ankauf international hochrangiger Kunst, die ab 2012 in erstklassigen Museen zu sehen sein wird.

Inmitten der Sanddünen des Leeren Viertels, nahe der saudischen Grenze, breitet sich der Oasengürtel von Liwa aus, von wo einst die Beduinen aufbrachen, um die Küste zu besiedeln.

Kaum ein Besucher bleibt unbeeindruckt von der Blumenpracht der Gartenstadt Al-Ain an der Grenze zu Oman. Al-Ain liegt zu Füßen des Jebel Hafeet, höchster Berg des Landes, von dem sich ein herrlicher Blick über das Sandmeer des Leeren Viertels bietet.

Spätestens seit der Eröffnung des ersten Sieben-Sterne-Hotels der Welt, dem Burj al-Arab, ist die **Stadt Dubai** im gleichnamigen Emirat weltbekannt. Seither jagt ein Megaprojekt das nächste. Künstliche Inseln, neu aufgeschüttete Strände und Erlebnis- und Themenparks gigantischen Ausmaßes erweitern das Freizeitangebot, riesige Einkaufszentren bieten unvergleichliche Shoppingmöglichkeiten und es gibt wohl keine Sportart, die hier nicht angeboten wird – inklusive Wintersport!

Sehr viel bescheidener gibt sich das **Emirat Sharjah**, das sowohl dem Badeurlauber als auch kulturinteressierten Besuchern nachhaltige Eindrücke zu vermitteln weiß. Hier besinnt man sich auf die eigenen Wurzeln, wie z.B. in der Stadt Sharjah. Der liebevoll restaurierte Stadtkern mit Suq und alten Wohnhäusern beherbergt interessante Museen. Man nennt Sharjah auch das »grüne Emirat«, denn im fruchtbaren Hinterland erstrecken sich Felder und Palmenplantagen.

Zur Föderation gehören auch die vier nördlichen Emirate **Ajman, Umm al-Quwain, Ras al-Khaimah** und **Fujairah**. Ajman profitiert von seiner ruhigen Strandlage in der Nähe zu Sharjah und Dubai, sodass Badegäste die beiden Städte auf einem Tagesausflug erkunden können. Wer darauf keinen Wert legt, sucht sich eines der abgelegenen Strandhotels von Umm al-Quwain oder Ras al-Khaimah aus und erholt sich beim Faulenzen und Lesen. Als einziges Emirat erstreckt sich Fujairah entlang der Ostküste, wo es einige Badestrände und Tauchgebiete gibt. Derzeit wird viel Neues geplant, sodass die Badehotels von Baustellen umgeben sind, von denen man aber am Strand nichts mitbekommt.

Die schönsten Touren

Höhepunkte Omans in zwei Wochen

① Masqat › Sohar › Nizwa › Ibra › Wahiba › Sur › Masqat › Salalah › Leeres Viertel

Distanzen
Masqat › Sohar mit Fahrt über Rostaq ca. 300 km; **Sohar › Nizwa** ca. 240 km; **Nizwa › Ibra** ca. 180 km; **Ibra › Sur** ca. 160 km; **Sur › Masqat** entlang der Küste ca. 200 km; **Masqat › Salalah** ca. 1,5 Std. Flug oder 1200 km per Auto; **Salalah › Hashmaan (Leeres Viertel)** ca. 230 km.

Verkehrsmittel
Zwischen allen großen Städten verkehren Linienbusse der staatlichen Busgesellschaft ONTC, Fahrpläne unter www.ontcoman.com, Auskünfte im Land unter Tel. 24 59 00 46. Vor Ort kommt man mit Taxen zu Hotels und Sehenswürdigkeiten. Entspannter geht es per Mietwagen, lokale Agenturen vermieten auch Wagen mit Fahrer.

Während der Hochsaison, d.h. Herbst-, Weihnachts- und Osterferien, sollte man Mietwagen (mit und ohne Fahrer) sowie Hotels unbedingt im Voraus buchen. Flüge zwischen Masqat und Salalah gibt es täglich, Vorabbuchung ist zu empfehlen. Geländewagen mit Fahrer für eine Nacht im Leeren Viertel lassen sich problemlos vor Ort organisieren.

In vielen Oasen müssen die Frauen das Wasser noch in Eimern holen

Für die ersten beiden Tage in der Hauptstadt ****Masqat** › S. 45 empfiehlt sich ein Hotel im Stadtteil Qurum, wo man sich nach der Ankunft
erst einmal bei einem Strandspaziergang und einem kühlen Getränk in
einem Strandcafé akklimatisiert.

Der zweite Tag bietet viel Abwechslung – Sie können Museen besuchen und bei Qantab eine Bootstour unternehmen –, beginnen sollte er
aber mit dem Besuch der Großen Moschee.

Am dritten Tag verlassen Sie die Stadt in Richtung Sohar. Die Fahrt
führt zunächst in den Obst- und Gemüsegarten Omans, die **Batinah** ›
S. 69. Fahren Sie spätestens um 7.30 Uhr los, um den Fischmarkt in
Barka › S. 69 rechtzeitig zu erreichen. Entlang der Berge liegen die inte-
ressanten Festungen von ***Nakhl** › S. 71 oder *****al-Hazm** › S. 72, der
Ort ***Rostaq** › S. 72 ist umgeben von einer riesigen Palmenoase. Sie
übernachten in der alten Seefahrerstadt **Sohar** › S. 73; genießen Sie den
Abendspaziergang entlang der ruhigen Corniche.

Über in den Fels gesprengte Passstraßen im Wadi Hibi geht es am
nächsten Tag durch zerklüftete Wadis zu den berühmten ****Bienen-
korbgräbern von Bat** › S. 75 in der Nähe von **Ibri** › S. 75. Der Wohnpa-
last von *****Jabrin** › S. 75 ist ein Muss, der Spaziergang durch die Oasenstadt ****Bahla** › S. 76 ein Vergnügen. Am Abend ist Zeit für einen
Bummel über den ruhigen Suq von ****Nizwa** › S. 76.

Zwei Tage sollte man in der »heimlichen Hauptstadt«, wie die Omanis Nizwa nennen, verbringen, denn in der Umgebung liegen der »Son-
nenberg« **Jebel Shams** › S. 78, die ****Bergoase Misfah** › S. 79, das Museum ****Bait al Safah** › S. 79 in al-Hamra und die erste touristisch
erschlossene Tropfsteinhöhle Omans, **al-Hoota Cave** › S. 79.

Blaue Erfrischung am Wüstenstrand

Zwei Oasenstädte, **Manah** 〉 S. 81 und **Adam** 〉 S. 81, stimmen am siebten Tag der Reise auf dem Weg von Nizwa nach Ibra auf die Wüstenlandschaft ein, die im Osten Omans von der **Wahiba** 〉 S. 83 geschaffen wird. Sollten Sie an einem Donnerstag unterwegs sein, wäre auch der morgendliche Beduinenmarkt in **Sanaw** 〉 S. 81 ein lohnendes Ziel. Nach einer sternenklaren Nacht in den Dünen wartet das **Wadi Bani Khalid** 〉 S. 84 mit erfrischendem Grün auf. Vorbei an **Bilad Bani Bu Ali** 〉 S. 84 mit seiner ungewöhnlichen Moschee ist das Ziel des achten Tages die alte Hafenstadt **Sur** 〉 S. 84.

Am nächsten Morgen geht es entlang der Küste zurück nach Masqat, jedoch nicht ohne einen Blick in das **Wadi Tiwi** 〉 S. 88 geworfen oder einen Spaziergang im **Wadi Shab** 〉 S. 88 unternommen zu haben. Für die Übernachtung vor dem Flug nach Salalah eignet sich ein Hotel im Hafen von Matrah, um auf dem Suq einzukaufen und in einem Restaurant den Blick auf den nächtlichen Hafen zu bewundern.

Nach Ankunft in **Salalah** 〉 S. 93 am zehnten Reisetag ist es Zeit für eine Badepause und den abendlichen Besuch des Weihrauchmarktes. Um die Dünen des **Leeren Viertels** 〉 S. 101 bei Hashmaan nur auf einem Tagesausflug zu bestaunen ist der Weg eigentlich zu weit, und man bringt sich um den Sonnenuntergang in der Wüste. Eine Übernachtung empfiehlt sich also. Auf dem Weg in die Wüste liegen das *Wadi Dawqah 〉 S. 99 mit dem von der UNESCO geschützten Weihrauchpark und die antike Handelsstadt **Ubar** 〉 S. 101.

Wer auf das Wüstenerlebnis verzichtet, hat mehr Zeit für Strandspaziergänge oder für zwei Tagesausflüge von Salalah aus: In den Bergen östlich Salalahs liegt das Grab des Hiob, und bei **Mughsail** 〉 S. 98

schießen bei starker Brandung riesige Fontänen aus den *blowholes* der Uferfelsen. An der Westküste thront seit fast 2000 Jahren der Weihrauchhafen **Samharam** › S. 97 über der malerischen Bucht von Khor Ruri. Vor der Fahrt über die Dhofar-Berge, über deren Gipfeln im Winter Storchenschwärme kreisen, ist für Naturfreunde ein Abstecher in das **Wadi Darbat** › S. 100 Pflicht. Vor der Heimreise bleibt ein letzter Strandtag, an dem Sie guten Gewissens einmal gar nichts tun dürfen.

Zehn Tage durch die Metropolen der VAE

② Dubai › Abu Dhabi › Liwa › Al-Ain › Hatta › Fujairah › Sharjah › Ajman

Distanzen
Dubai › Abu Dhabi ca. 140 km; **Abu Dhabi › Liwa** ca. 180 km; **Abu Dhabi › Al-Ain** ca. 140 km; **Al-Ain › Hatta** ca. 110 km; **Hatta › Fujairah** ca. 50 km; **Fujairah › Sharjah** ca. 100 km; **Sharjah › Dubai** ca. 10 km.

Verkehrsmittel
Mit etwas Flexibilität kann man diese Reise durchaus auch mit öffentlichen Linienbussen durchführen, die zwischen den Metropolen verkehren. Zu den Liwa-Oasen mietet man am besten einen Geländewagen mit Fahrer, was vor Ort bei verschiedenen Agenturen problemlos möglich ist. Für die Strecken Al-Ain–Hatta, Hatta–Fujairah und Fujairah–Sharjah muss man auf ein Taxi zurückgreifen, das aber mühelos zu bekommen ist. Flexibler ist man natürlich mit dem Mietwagen. Das Straßennetz der VAE ist ausgezeichnet und gut lesbar beschildert. In Dubai sollte man sich aufgrund des starken Verkehrs auf ca. eine Stunde Fahrzeit einstellen, um aus der Stadt herauszukommen, zu Spitzenzeiten auch länger!

Um das alte **Dubai** › S. 121 zu erleben, quartiert man sich am besten in der Nähe des **Creek** ein. Dieser Meeresarm ist die Lebensader der Stadt, an seinen Ufern liegen die **historischen Viertel**. Zu Fuß durchstreift man die hübschen Gassen von **Deira** › S. 126 mit dem Gold- und Gewürzsuq, bestaunt die alten Holzschiffe, die immer noch zwischen Nahem Osten und Afrika verkehren und setzt dann über ins gemütliche **Bastakia-Viertel** › S. 125 mit seinen alten Windtürmen und dem Dubai Museum.

Der zweite Tag steht ganz im Zeichen des Schlagzeilen-Dubai: In und um das Strandviertel von **Jumeirah** > S. 131 (ent-)stehen die weltbekannten Palmeninseln, das höchste Gebäude der Welt oder die größte Indoor-Skipiste der Erde. In der ****Marina** > S. 135, einem künstlich angelegten Jachthafen, gibt es Cafés und Restaurants für eine Pause. Oder man bummelt durch die Gassen des Suq der ****Madinat Jumeirah** > S. 134 und sucht sich eines der internationalen Restaurants für ein gepflegtes Abendessen aus.

Am dritten Tag verlassen Sie Dubai durch das Spalier der Wolkenkratzer an der Sheikh Zayed Road, um nach ***Abu Dhabi** > S. 108 zu gelangen. Am Eingang der Landeshauptstadt begrüßt Sie schon von Weitem die reich verzierte ****Große Scheich-Zayed-Moschee** > S. 108. Da sie nur vormittags geöffnet ist, sollten Sie den Besuch für den folgenden Tag fest einplanen. Während der heißen Mittagszeit lohnt ein Besuch in der **Falkenklinik** > S. 108, am kühleren Nachmittag ein Spaziergang entlang der **Corniche** > S. 110. Am Abend sollten Sie sich Zeit nehmen für eine Dinner-Cruise: Ein Restaurantschiff fährt während des Abendessens vor der hell erleuchteten Skyline entlang.

Vor Ort zu buchen sind Touren mit dem Geländewagen in die Dünen des Leeren Viertels nahe den **Liwa-Oasen** > S. 115. Auf dem Weg dorthin passiert man die Erdölfelder. Eine Übernachtung im Wüstensand unter dem einzigartigen Sternenhimmel ist sehr zu empfehlen.

Neun ehemalige kleine Oasen sind zur Stadt ****Al-Ain** > S. 115 zusammengewachsen, zu der Sie am siebten Reisetag aufbrechen. Auf den letzten Kilometern wird die von Abu Dhabi kommende Autobahn nicht nur von Sanddünen flankiert, sondern rechts und links erstrecken sich auch breite, für eine ehemalige Wüstenoase ungewöhnliche Blumenbeete. Die Erkundung Al-Ains sollten Sie mit einem Spaziergang durch den außergewöhnlichen ***Hili Park** > S. 117 beginnen. Denn zwischen seinen Blumenrabatten liegen zwei 5000 Jahre alte Gräber, restaurierte Zeugen einer reichen Kultur. Lebhafter geht es am nächsten Morgen auf dem **Viehmarkt** zu, der neben dem lebendig gestalteten ****Nationalmuseum** > S. 116 stattfindet. Sind Sie am Freitagmorgen in Al Ain, sollten Sie den Weg in den Außenbezirk Mazyad nicht scheuen, denn hierher wurde der ****Kamelmarkt** > S. 117 verlegt. Auf dem Weg dorthin führt eine Straße auf den ***Jebel Hafeet** > S. 117, den Sie sich wegen des schöneren Lichtes aber besser für den Nachmittag aufheben.

Dass die Emirate nicht nur aus Küste und Wüsten bestehen, wird bei einer Fahrt nach **Hatta** > S. 143 deutlich, wo Sie sich an Ihrem neunten Reisetag in einem schönen Hotel einquartieren können. Umrahmt von steil aufragenden Felsrücken liegt diese Bergoase, auch bei den Emiratis ein beliebtes Wochenendausflugsziel. Ganz in der Nähe locken die Hatta Pools, ausgewaschene Felslöcher, gefüllt mit klarem Bergwasser. Das Heritage Village gestattet einen Blick in die Vergangenheit.

Ein Erlebnis ist die Asphaltstraße von Hatta zur Ostküste und ins **Emirat Fujairah** › S. 158 – für sie mussten Wadis befestigt, breite Passagen in den Fels gesprengt und Bergrücken überwunden werden. Wegen seiner Sandstrände und Riffs vor der Küste ist das Emirat eher eine Bade- und Tauchdestination. Sehenswert ist die angeblich älteste Moschee des Landes in **Bidiyah** › S. 158. Kurz hinter dem Städtchen Dibba beginnt eine Piste in die Berge. Wenn man vorsichtig fährt, schafft man auch mit einem Pkw die wenigen Kilometer bis zum Eingang ins **Wadi Khab Shamsi** › S. 66, eine der eindrucksvollsten Schluchten des Hajar.

Entweder Sie beschließen, den zehnten Tag in einem Badehotel an der Ostküste ausklingen zu lassen oder Sie fahren noch in die knapp 100 km entfernte Kulturstadt *Sharjah › S. 148. Am Morgen bummeln Sie über den Fischmarkt, bevor Sie den restaurierten Stadtkern mit Basar und Museen erkunden. Wahrzeichen Sharjahs ist wegen seiner besonderen Architektur der Blue Suq – der Blaue Markt. Er liegt am Ufer der großen Lagune und ist am Abend ein beliebtes Einkaufsziel.

Dreiwöchige Entdeckerreise durch Oman und VAE

—③— Abu Dhabi › Dubai › Sharjah › Al-Ain › Sohar › Masqat › Nizwa › Ibra › Wahiba › Sur › Salalah

Distanzen
Abu Dhabi › Dubai ca. 140 km; **Dubai › Sharjah** ca. 10 km; **Sharjah › Al Ain** ca. 170 km; **Al-Ain › Sohar** ca. 100 km; **Sohar › Masqat** mit Fahrt über Rostaq ca. 300 km; **Masqat › Nizwa** ca. 170 km; **Nizwa › Ibra** ca. 180 km; **Ibra › Sur** ca. 160 km; **Sur › Masqat** entlang der Küste ca. 200 km; **Masqat › Salalah** ca. 1,5 Std. Flug; **Salalah › Hashmaan** (Leeres Viertel) ca. 230 km.

Verkehrsmittel
Der Tourvorschlag ist mit einem Pkw gut zu machen, lediglich für das Leere Viertel benötigen Sie einen Guide mit Geländewagen. Siehe auch »Höhepunkte Omans« und »Metropolen der VAE«.

Diese Tour bietet eindrucksvolle Strecken durch Berge und Wüsten, Erholungspausen an den Stränden der Küstenstädte und Zeit für das Bummeln über Märkte und für interessante Museen. Wer mit einem Geländewagen unterwegs ist, findet im Special › S. 66 Tipps für herausfordernde Off-Road-Strecken in Oman.

Sheraton Hotel in Abu Dhabi

Ihre Reise beginnt mit zwei Tagen in der emiratischen Hauptstadt *Abu Dhabi › S. 108. Ein Besuch der Scheich-Zayed-Moschee ist obligatorisch. Anschließend geht es entlang der ehemaligen Piratenküste nach **Dubai › S. 121. Zwei Tage sollten das Minimum für die vielen Superlative der Stadt sein. Am Morgen des fünften Tages erleben Sie *Sharjah › S. 148 mit seinem Fischmarkt, seinen Museen und dem restaurierten Stadtkern nahe des Hafens.

⚠ Bergfreunde können im Süden Omans (s.u.) auf den Abstecher ins Leere Viertel verzichten und stattdessen ab Sharjah den Abstecher in die wunderbare Bergwelt **Musandams › S. 73 einplanen.

Die Fahrt auf der Wüstenautobahn nach **Al-Ain › S. 115 dauert etwas mehr als eine Stunde; die nächsten zwei Tage sind der Erkundung dieser blühenden Oase gewidmet. Durch die Hajar-Berge geht es zum ehemaligen »Tor nach China«, in die alte Hafenstadt Sohar › S. 73.

Am neunten Tag reisen Sie weiter durch die Küstenebene Batinah › S. 69, durch die Palmenoase *Rostaq › S. 72, zu den Bergfestungen von **al-Hazm › S. 72 und *Nakhl › S. 71 und über Barka › S. 69 in die Hauptstadt Omans, **Masqat › S. 45. Quartieren Sie sich im Hafenviertel Matrah ein und erleben Sie den Suq am Abend. Einen Tag Zeit sollten Sie sich für Masqat, seine Sultan-Qaboos-Moschee und einige Museen nehmen, bevor Sie am elften Tag Richtung Süden reisen.

An **Nizwa › S. 76, wo Sie zwei Nächte bleiben, geht es zunächst vorbei in die Töpferoase **Bahla › S. 76 mit ihrer Festung und weiter zur Wohnburg ***Jabrin › S. 75. Sehr sehenswert ist auch das Museum **Bait al Safah › S. 79 in der nahen Oase al-Hamra. Der nächste Tag ist ein Freitag? Dann früh auf zum Viehmarkt! Der Nachmittag ist den

Bergen gewidmet: der Bergoase ****Misfah** ❯ S. 79, dem Besuch der **Hoota-Höhle** ❯ S. 79 und der Fahrt auf den **Jebel Shams** ❯ S. 78.

Via ****Manah** ❯ S. 81, einem typischen Lehmdorf der Region, und der Palmenoase ****Adam** ❯ S. 81 geht es in die **Sharqiya**, wo Sie am Abend des 13. Reisetages in der Nahar Tourism Oasis von **Ibra** ❯ S. 82 ein omanisches Menü serviert bekommen. Von Ibra ist es ein Katzensprung in die **Wahiba-Wüste** ❯ S. 83. Ihre Beduinen-Gastgeber »entführen« Sie per Kamel oder 4WD für einen Tag in die Dünen, die Nacht verbringen Sie in einem Wüstencamp (nach Anmeldung). In der Hafenstadt **Sur** ❯ S. 84, wo Sie am nächsten Abend bleiben, gibt es ein Werftgelände, wo noch ab und an eine Dhau (Holzschiff) gebaut wird.

Nun liegt zwischen Ihnen und Masqat die Küstenstrecke zu Füßen des östlichen Hajar-Gebirges. Zwei tief eingeschnittene Wadis, **Tiwi** und ****Shab** ❯ S. 88, geben einen letzten wunderbaren Einblick in die Bergwelt Nordomans, bevor Sie in Ihrem Hotel in Masqat eintreffen.

In 1,5 Stunden bringt Sie das Flugzeug am 16. Reisetag von Masqat in das **Weihrauchland Dhofar** im Süden Omans. Ihr Ausgangspunkt für drei Tagesausflüge ❯ S. 90 ist ****Salalah** ❯ S. 93 mit seinen von Kokospalmen gesäumten Sandstränden. Vor der Heimreise bleibt noch ein Tag zum Baden – und zum Einkaufen auf dem Weihrauchmarkt.

Touren in den Regionen

Touren in den Regionen	Region	Dauer	Seite
Stadtrundfahrt durch Masqat	Masqat	1 Tag	46
Masqats Moscheen	Masqat	1 Tag	48
In die Batinah	Nordoman	1 Tag	62
Ins Landesinnere	Nordoman	2 Tage	63
Wasser und Wüste	Nordoman	2 Tage	64
Pkw-Rundreise durch Nordoman	Nordoman	10 Tage	65
Dhofar-Impressionen	Dhofar/Südoman	3 x 1 Tag	90
Auf die Insel Sir Bani Yas	Abu Dhabi	2 Tage	104
Zu den Oasen von Liwa	Abu Dhabi	2 Tage	104
In die Gartenstadt Al-Ain	Abu Dhabi	2 Tage	105
Spaziergang durch Bur Dubai	Dubai	1 Tag	123
Shoppingbummel in Deira	Dubai	1 Tag	126
Von Sharjah an die Ostküste	Sharjah und seine Nachbarn	1 Tag	147

Klima und Reisezeit

Mit den Schlagworten »Hitze« und »Trockenheit« ist das Klima in Oman und in den Vereinigten Arabischen Emiraten nur unvollständig beschrieben, denn es gibt lokale Schwankungen in Temperatur und Luftfeuchtigkeit.

An der Küste liegen die Temperaturen im Winter (Oktober bis März, Hauptreisezeit) zwischen angenehmen 28 und 35°C. Im Sommer können sie bis auf schweißtreibende 50°C ansteigen; die Luftfeuchtigkeit erreicht dann Werte bis zu 95%. In dieser Zeit kommt es zu kurzen, manchmal auch heftigen Regenfällen, der durchschnittliche Jahresniederschlag liegt aber lediglich bei 100 mm.

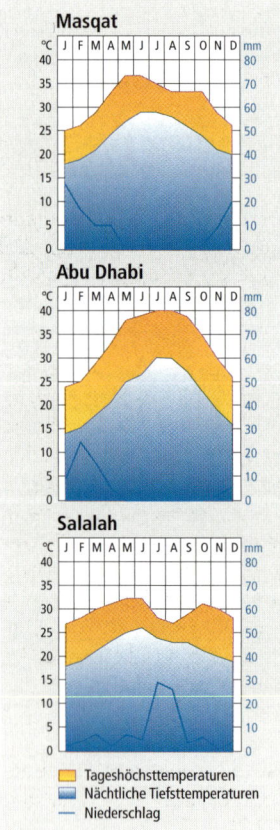

Im Landesinneren ist es sehr viel trockener, dafür sind die Temperaturen etwas höher. Im Gebirge ist es trocken, mit zunehmender Höhe wird es jedoch kühler, pro 100 Höhenmeter ca 1°C. Wenn es regnet, können sich Wadis binnen kürzester Zeit in reißende Ströme verwandeln – erhöhte Vorsicht beim Autofahren und Wandern ist geboten.

In der Dhofar-Region betragen die Temperaturen ganzjährig um die 30°C, mit erhöhter Luftfeuchtigkeit. Zwischen Juni und September beherrschen Monsunwinde mit leichtem Regen das Klima vor allem in den Küstengebieten. Zu dieser Jahreszeit ist das Meer häufig sehr aufgewühlt, starke Brandung beschädigt regelmäßig die Küstenstraße in Salalah. Baden ist bei solcher Witterung lebensgefährlich!

Sowohl für einen Badeurlaub als auch für Rundreisen in beiden Ländern eignen sich die warmen und trockenen Monate Oktober bis März/April am besten.

Anreise

Mehrere Gesellschaften fliegen ab München, Frankfurt/Main, Zürich und Wien nach Masqat, Abu Dhabi, Dubai und Sharjah. Ein Direktflug dauert zwischen sechs und neun Stunden. Oman Air fliegt ab München viermal und ab Frankfurt fünfmal wöchentlich direkt nach Masqat und bietet erheblich mehr Beinfreiheit als andere Airlines.

Zwischen dem Emirat Dubai und Oman gibt es ein Visa-Abkommen. Wer mit dem Flugzeug in Dubai landet, benötigt für die Einreise nach Oman kein Visum, allerdings gilt dies nur für den Grenzübergang bei Hatta, der zum Emirat Dubai gehört. Wer in Dubai landet, dann aber mit dem Auto über Al-Ain (Emirat Abu Dhabi) nach Oman einreist, muss für das Oman-Visum bezahlen.

- **www.emirates.de** (via Dubai nach Oman)
- **www.lufthansa.de** (via Dubai oder Abu Dhabi nach Oman)
- **www.etihadairways.com** (via Abu Dhabi nach Oman)
- **www.qatarairways.com** (via Qatar nach Oman)
- **www.omanair.com** (direkt nach Oman)

Reisen im Land

Mit dem Flugzeug

Oman Air bietet ab Masqat (Seeb Airport) Flüge nach Salalah, auf die Halbinsel Musandam (Khasab) sowie auf die (touristisch nicht relevante) Insel Masirah. Tickets bekommt man in Reisebüros oder bei **Oman Air** (Masqat-Ruwi, Tel. 24 70 72 22, www.omanair.com). Innerhalb der VAE gibt es bis auf die Strecke Abu Dhabi–Al-Ain keine Inlandsflüge.

Beide Länder erheben am Flughafen eine Ausreisegebühr (Oman 5 R.O., Emirate 20 Dh pro Person), die aber meistens schon im Ticketpreis enthalten ist. Reist man auf dem Landweg aus, zahlt man in den VAE zwischen 20 und 25 Dh pro Person, in Oman jedoch nur 2 R.O. pro Auto. Beide Länder bestehen zusehends auf Bezahlung dieser Gebühren mit der VISA-Kreditkarte, Barzahlung wird nicht mehr akzeptiert! Das Emirat Dubai erhebt bei der Ausreise keine Gebühren.

Öffentlicher Nahverkehr

Sowohl in Oman als auch in den Emiraten gibt es ein öffentliches Busnetz (siehe bei der jeweiligen Stadt). Grenzüberschreitend verkehren Busse von Masqat nach Dubai und Abu Dhabi.

In den Großstädten beider Länder sind ausreichend Taxen unterwegs, die meisten haben ein Taxameter, ansonsten muss man den Preis vor der Fahrt aushandeln. Man kann Taxen auch für Überlandfahrten oder Ausflüge buchen. In Dubai gibt es auch Taxen nur für Frauen mit weiblichen Fahrern. Dort verbindet außerdem eine Metro die wichtigsten Viertel. Auch Abu Dhabi plant den Bau einer Metro, die mit jener in Dubai verlinkt werden soll.

Taxifahrer mit ihren weißen Fahrzeugen warten auf Kundschaft

In ferner Zukunft ist auf der Arabischen Halbinsel ein Eisenbahnnetz geplant. Auch Schnellbootverbindungen zwischen den Metropolen der VAE sollen eingeführt werden.

In den Städten sowie auf populären Verbindungsstrecken verkehren regelmäßig Sammeltaxen, die meist günstiger sind. Näheres in den jeweiligen Kapiteln im Reiseteil.

Mit dem Mietwagen

In Oman und in den VAE ist das Straßennetz gut ausgebaut und auf Englisch beschildert. Wer mit dem Mietwagen beide Länder bereisen will, muss dies wegen einer Zusatzversicherung bei der Verleihstation angeben. Ein internationaler Führerschein ist erforderlich. In Oman beträgt das Mindestalter 18, in den VAE 21 Jahre, bei Geländewagen in beiden Ländern 25 Jahre. Autos können tage- oder wochenweise gemietet werden, Letzteres ist meist günstiger. Die meisten Firmen haben eine Vertretung an den Flughäfen, in der Stadt oder in einem internationalen Hotel. Ein Geländewagen kostet pro Woche um 850 €, ein Mittelklassewagen um 300 €. Der Benzinpreis liegt bei ca. 0,30 €/Liter.

Der Abschluss zusätzlicher Versicherungen wie PAI (Personal Accident Insurance) und CDW (Collision Damage Waiver) ist unbedingt ratsam. Sie sind nicht teuer und schützen im Schadensfall vor hohen Zusatzkosten. Der Mieter ist für die Prüfung von Öl- und Wasserstand verantwortlich, kommt es zu einem Motorschaden, muss er mit einer Selbstbeteiligung von ca. 1000 € rechnen.

🚦 Achten Sie bei der Wagenübernahme auf Defekte an Windschutzscheibe und Reifen – diese sind nicht versichert und müssen im Schadensfall von Ihnen ersetzt werden. Lassen Sie sich gegebenenfalls neue oder bessere Reifen aufziehen.

In Oman und den VAE fährt man rechts. Es besteht auf allen Plätzen Anschnallpflicht. Alkohol am Steuer ist streng verboten. Die Höchstgeschwindigkeit beträgt 120 km/h. Übertretungen sind teuer, es werden Radarkontrollen durchgeführt. Ausreden sind zwecklos, denn in jedem Auto gibt es bei Erreichen der 120 km/h ein akustisches und optisches Warnsignal!

⚠ Kommt Ihnen ein Fahrzeug mit eingeschalteten Warnblinkern und/oder Lichthupe entgegen, warnt der Fahrer Sie vor Tieren auf der Straße. Meist sind es Kamele, selten Esel, im Dhofar auch Rinderherden. Reduzieren Sie die Geschwindigkeit, besonders Kamele sind unberechenbar!

Mit unvorhergesehenen Verkehrshindernissen ist in Oman und den VAE stets zu rechnen

Sport und Aktivitäten

Wassersport

Wer gerne in glasklarem Wasser badet, segelt, Wasserski fährt oder surft, der findet in Oman und den VAE ausgezeichnete Bedingungen vor. Sportclubs und Hotels mit Privatstränden bieten Wasserski- und Surfunterricht (mit Verleih). Tauchern und Unterwasserfotografen eröffnet sich in der Tiefe eine faszinierende Welt aus Korallen und farbenprächtigen Fischen. Ausrüstung kann geliehen werden. In größeren Städten wie Abu Dhabi, Dubai und Masqat werden auch Ausflüge mit traditionellen Holzschiffen (Dhaus) angeboten.

Golf

Die Rasenplätze Dubais und Abu Dhabis zählen zu den besten der Welt. Eine der ersten Anlagen inmitten der Wüste war der **Emirates Golf Club** am Stadtrand von Dubai. Höchsten Ansprüchen genügt auch der **Dubai Creek Golf & Yacht Club,** unweit des Stadtzentrums am Ufer des Creek. Unter Flutlicht kann man auf dem 18-Loch-Kurs des **Nad al Sheba Clubs** spielen (alle drei Tel. 04/380 19 19, www.dubaigolf.com). Der Spitzenspieler Colin Montgomerie entwarf die Anlage **The Montgomerie:** Auf 200 Hektar sind hier 79 Bunker und 14 Seen platziert. Der Parcours mit Flutlichtanlage liegt im exklusiven Neubauviertel Emirates Hills (Sheikh Zayed Road, Abfahrt Nr. 5, Tel. 390 56 00, www. themontgomerie.com).

Dune-Driving: Hobby der Einheimischen und Vergnügen für Touristen

In Abu Dhabi spielt man z.B. im **Abu Dhabi Golf Club by Sheraton** (www.adgolfsheraton.com) oder im **Golf- und Reitclub** (Tel. 02/ 445 55 00, www.adec-web.com). Auch in Oman gibt es zwei gute Plätze. Der **Ghala Wentworth Golf Club** (Wadi Baushar, Tel. 24 59 12 48, www.gwgc.net) hat einen 18-Loch-Parcours vor schöner Bergkulisse. Der **Muscat Hills Golf & Country Club** liegt nahe dem Flughafen und ist der erste 18-Loch-Championchip-Grasplatz im Oman (Tel. 24511024, www.muscathills.com).

Dune-Driving und Wadibashing

Geländewagentouren durch Sanddünen sind ein Wüstenabenteuer der modernen Art. An die Chauffeure der Fahrzeuge werden dabei höchste Anforderungen gestellt. Deshalb sollten diese Ausflüge stets mit einem wüstenerfahrenen und ortskundigen Begleiter unternommen werden.

Wadi-Touren mit dem Jeep sind aufregend, aber nicht ganz risikolos: Bei Niederschlägen verwandeln sich die Trockenflüsse blitzschnell in tödliche Fallen, weshalb man den Wetterbericht aufmerksam verfolgen sollte. Die Fahrzeuge können mit und ohne Fahrer gemietet werden. Immer beliebter werden Off-Road-Rundreisen für Selbstfahrer, die von europäischen Veranstaltern angeboten werden. ❯ auch Special S. 66

Buch-Tipp Off-Road in Oman und **Off-Road in the UAE:** Sehr gute Routenbeschreibungen; in Hotels und Family Bookshops erhältlich.

Sand-Skifahren

In Oman kann man in der Wahiba, in den VAE in den Sanddünen von Liwa oder Al-Ain mit Snowboards durch den Sand sausen. Die Ausrüstung verleiht **Arabian Adventures,** 1st Floor, Emirates Holidays Buil-

ding, Sheikh Zayed Rd, Dubai, Tel. 04/343 99 66; Abu Dhabi: Tel. 02/
691 17 11; Fujairah: Tel. 09/204 40 57; www.arabian-adventures.com

Skifahren

Sie lesen richtig! In der Schneehalle werden täglich 30 Tonnen Neu-
schnee produziert, die auf die fünf Pisten mit Schwierigkeitsgrad
„leicht" bis „schwierig" (mit Buckeln) rieseln sowie in den Schneepark,
wo man einfach nur Schneemänner baut. Die Preise beinhalten immer
warme Kleidung und für Skifahrer die Nutzung der Liftanlagen sowie
Ausrüstung inkl. Kinderhelme: Snow Park 80 Dh. (Kinder bis 12 Jahre
75 Dh.), Ski fahren 180 Dh. (für 2 Std.; Kinder 150 Dh.); › auch S. 137.

Ski Dubai
neben der Emirates Mall][**Tel. 04/409 40 00**][**www.ski-dubai.com**.

Quadbikes

Es ist kein ungefährliches Vergnügen, mit den PS-starken Flitzern die
Dünen hinaufzujagen, zudem zeichnen sich die Quads nicht gerade
durch Umweltfreundlichkeit aus. Wer sie dennoch testen möchte, kann
dies im Emirat Dubai nahe Hatta tun. In Oman bieten die Betreiber von
Zeltcamps in der Wahiba diesen Sport an.

■ Al Qudra Motor Cycle Rental
nahe Hatta][**Tel. 050/631 19 92**][**alqudra_2004@hotmail.com**

■ Raha Camp
Tel. 99 34 38 51][**www.alrahaoman.com**

Winterspaß in der Mall of the Emirates in Dubai

Special
Unterwegs mit Kindern

Mit Kindern zu reisen ist in beiden Ländern eine wahre Freude. Araber lieben Kinder, und deshalb wird bei der Planung öffentlicher Einrichtungen, seien es Hotels, Einkaufszentren oder Museen, auf die Jüngsten besonders viel Rücksicht genommen.

Schon die Strände bieten den Kleinen viel Abwechslung, doch wer lieber mobil sein möchte und Tagesausflüge oder eine Tour mit dem Mietwagen plant, muss seinen Nachwuchs deshalb noch lange nicht zu Hause lassen. Lediglich straff organisierte Busrundreisen sind nicht ideal.

Wer Bedenken wegen der Sicherheit hat, kann diese getrost in den Wind streuen. Über die Kinder ergeben sich häufig schöne Begegnungen mit der lokalen Bevölkerung.

Familienfreundliche Einrichtungen

Schon bei der Anreise fängt es an: Die Fluggesellschaften verteilen Spielzeugpakete, um ihren jüngsten Passagieren die durchschnittlich sechs Stunden Flugzeit von Europa zu verkürzen. Die meisten (Bade-)Hotels bieten familienfreundliche Zimmer an, die nebeneinanderliegende Räume mit Verbindungstür haben. Auf Familien spezialisierte Hotels haben darüber hinaus Babysitter oder Kinderanimateure.

■ Das familienfreundliche Jumeirah Beach Hotel, Dubai, Tel. 04/348 00 00, www.jumeirahbeachhotel.com, liegt neben dem Wild Wadi Water Park mit mehr als 20 Rutschen (❯ S. 138). ●●●

■ Für Familien sehr gut geeignet ist auch Shangri-La's Barr al-Jissah Resort, Masqat, Tel. 24 77 66 66, www.shangri-la.com – mit entsprechend großen Zimmern, einem langen Strand und mehreren Pools. ●●●

Aktivitäten für Kinder

Mit Kindern in die Stadt? Kein Problem! In Dubai, Sharjah oder Masqat gibt es interaktive Museen, wo jede Menge Knöpfe nur darauf warten, gedrückt zu werden, um blinkende Schautafeln, kleine Heißluftballons oder informative Tonbänder zu starten. Die großen Parkanlagen haben fast alle riesige Spielplätze, manchmal eine Bimmelbahn oder gar eine »Kinderstadt« wie der Creekside Park › S. 137 in Dubai. Im **Café Céramique** in Jumeirah (Dubai) können kleine (und große) Künstler Porzellan bemalen. Das Konzept ist so erfolgreich, dass es jetzt auch in Abu Dhabi und Masqat ein Café Céramique gibt:

■ **Dubai:** in der Mall of the Emirates, Tel. 341 01 44, und im Town Centre, Jumeirah Beach Road, Tel. 344 73 31. Beide tgl. 10–24 Uhr.

■ **Abu Dhabi:** 26th Street, beim Choithram-Gebäude in Khalidiya, Tel. 666 44 12, Sa–Do 8–24, Fr 10–24 Uhr.

■ **Masqat:** im Al Arami Complex, Al Qurum, Tel. 245 666 17, tgl. 9–24 Uhr. www.cafe-ceramique.com

Entspanntes Einkaufen

Vor allem in den Emiraten sind die großen Einkaufstempel bestens auf Kinder vorbereitet. Man kann kostenlos Kinderwagen leihen, es gibt Spielplätze mit Achterbahnen, Hüpfburgen und Klettergerüsten. Der Hit ist die Mall of the Emirates › S. 128 – direkt verbunden mit der größten Indoor-Skipiste der Welt! Da stehen Eltern eher vor dem Problem, die Kleinen wieder zum Aufbruch zu bewegen! Für den Hunger zwischendurch stehen genügend Restaurants à la McDonald's bereit.

Eine Off-Road-Tour mit Kindern?

Wenn Ihre Kinder gerne zelten und Freude an der Natur haben, können Sie problemlos eine Rundreise im Geländewagen planen und sich von verschiedenen deutschen Veranstaltern ein Programm ausarbeiten lassen. Besonders Oman eignet sich für solche Reisen, denn die Mietwagen sind modern, die Distanzen nicht zu groß, und man findet in den Bergen, an der Küste oder in der Wüste schöne, ruhige Plätze zum Campieren. Für eine Zeltpause kann man zwischendurch eine Hotelübernachtung einplanen.

Falls Sie einen Mietwagen reservieren möchten, fragen Sie schon vor Abreise, ob die Vermietstation gegebenenfalls einen Kindersitz zur Verfügung stellt.

Kameltrekking

Kamelsafaris (❯ auch Special S. 86) sind nach wie vor die schönste Art, die Wüste kennenzulernen. Sie enden oft mit einem arabischen Barbecue in den Dünen. Ein empfehlenswerter Anbieter ist **Nomadic Adventures & Tours,** Bidiya (Oman), Tel. 99 33 62 73, www.nomadicdesert camp.com. Mehrtägige Kamelsafaris in der Wahiba veranstaltet **Nomad Reisen** in Gerolstein, Tel. 0 65 91/94 99 80, www.nomad-reisen.de.

Trekking

Wer im Hajar-Gebirge wandern möchte, sollte von Deutschland aus eine organisierte Trekkingreise buchen, denn es gibt kaum ausgewiesene Wanderwege oder entsprechende Literatur. Verschiedene Veranstalter bieten Trekkingreisen sowohl im Massiv des Jebel Akhdar als auch im östlichen Hajar-Gebirge an. Bei diesen Touren wird das Gepäck von Eseln getragen, einheimische Führer weisen den Weg. Veranstalter östliches Hajar-Gebirge: **Nomad Reisen** (s. o.), Jebel Akhdar: **Bedu Expeditionen** (Tel. 0 89/62 43 97 91, www. bedu.de). Tagestouren durch das Hajar-Gebirge bietet auch **Arabia Felix** (Tel. 0 89/30 77 92 00, www. oman.de.)

Die besten Tipps für Aktivurlauber

■ Auf einer traditionellen Dhau die Fjorde **Musandams** erkunden, in einsamen Buchten schnorcheln, Delfine und Reiher beobachten und über die alte Telegrafeninsel spazieren – unvergesslich. ❯ S. 73

■ Die Wüste ist wunderschön und **Ballonfahren** ebenfalls – wie fantastisch muss es sein, in einem Ballon über der Wüste vor den Toren Dubais zu schweben? ❯ S. 26

■ Die Weite des Meeres nicht nur vom Ufer erleben, sondern in einem **Wasserflugzeug** darüber hinweggleiten – bis die Insel Sir Bani Yas am Horizont auftaucht. ❯ S. 114

■ Die Hektik des Alltags vergessen, eine Woche lang auf Beduinenpfaden wandeln und dabei nur das »Schwusch-Schwusch« der Kamelfüße hören: auf in die Wahiba zum **Kameltrekking.** ❯ S. 86

■ Es ist verrückt, aber gerade das macht es aus: **Skilaufen** unter der Sonne Arabiens in der größten Indoor-Skihalle der Welt. ❯ S. 137

Mountainbiking

Ob Berge oder Wüsten, immer mehr Mountainbiker kommen mit ihren Rädern nach Oman und bezwingen dort Pisten und Dünen. Vor Ort gibt es jedoch keine Vermieter. Eine 14-tägige Tour bietet **Swiss Bike Tours** an (Tel. +41-(0) 44/950 59 77, www.swiss-bike-tours.ch).

Ballonflüge

Ein tolles Erlebnis sind Ballonflüge, auf denen man die Wüste von oben betrachten kann. Das ist von Dubai aus möglich – mit **Amigos Balloon,** Tel. 050/735 62 37, www. amigos-balloons.com.

Unterkunft

In Oman

Im **Sultanat Oman** haben im Großraum Masqat in den letzten Jahren mehrere internationale Hotels der Luxusklasse Dependancen eröffnet. Prunkstück ist das 2008 renovierte Al-Bustan Palace Hotel, mit dem extravaganten Grand Hyatt und dem Shangri-La-Hotelkomplex hat es jedoch Konkurrenz bekommen. Günstiger sind die internationalen Hotels an der Strecke zwischen dem Flughafen Seeb und Masqat. In Matrah wählt man unter mehreren Zwei- und Dreisternehotels. In den Städten im Landesinneren gibt es ebenfalls teurere und einfache Hotels, die Preise sind jedoch nicht mit denen in Billigreiseländern zu vergleichen. In der Hauptreisezeit (Nov.–März) sollte man im Voraus reservieren, da man sonst evtl. auf abgelegenere Quartiere ausweichen muss.

Camping

Wer sich mit dem Geländewagen auf Tour begibt, muss fürs Campen gerüstet sein. Offizielle Plätze gibt es noch nicht. Man sollte sein Lager abseits von Straßen, Pisten und Dörfern aufschlagen, Feuerholz mitbringen und jeglichen Abfall mitnehmen. Ein schlechter Ort zum Campen sind Wadis – nach Niederschlägen füllen sie sich schlagartig mit Wasser.

In den Emiraten

Mittlerweile gibt es in allen sieben Emiraten Badehotels, vor allem in Abu Dhabi, Dubai und Sharjah. Die teuersten stehen in Abu Dhabi (Emirates Palace) und Dubai (Burj al-Arab), sobald man sich für ein »abgelegeneres« Emirat entscheidet, sinkt der Preis. Günstiger sind Stadthotels, manche bieten einen Shuttledienst zum Strand an. Bei einigen Häusern in Dubais Innenstadt sollte man fragen, ob es sich um ein »family hotel« handelt, selbst wenn man nur zu zweit ist – sonst landet man eventuell in einem Stundenhotel.

Die schönsten Hotels

■ Für Wellness-Urlaub in einer schönen Bucht empfiehlt sich das **Al-Bustan Hotel** in Masqat (Oman) – es wurde extra für diesen Zweck neu gestaltet. › S. 60

■ Goldene Dünen, glitzernder Sternenhimmel und die gemütlich-luxuriöse Einrichtung des **Desert Nights Camp** (Oman) versprechen eine unvergessliche Wüstennacht. › S. 83

■ In Frankreich fühlte sich Gott sich wohl, im **Emirates Palace** in Abu Dhabi (VAE) dürfte er Urlaub gemacht haben. › S. 109

■ Wenn Sie ohne turbulente Stadt in der Nähe einfach Ihre Ruhe genießen möchten, entspannen Sie am besten im **Ajman Kempinski** (VAE). › S. 154

Land & Leute

Steckbrief][Geschichte im Überblick][
Natur und Umwelt][Die Menschen][Kunst,
Kultur und Kunsthandwerk][Feste und
Veranstaltungen][Essen und Trinken

Steckbrief

Oman

Bevölkerung: 3 Mio; 76% Omanis, 24% Gastarbeiter, bes. aus Indien und Pakistan, anderen arabischen Ländern, Philippinen sowie Europa und den USA

Fläche: 309 500 km^2
Höchste Erhebung: Jebel Shams (3009 m)
Hauptstadt: Masqat
Amtssprache: Arabisch; Englisch
Lebenserwartung: Männer und Frauen 73 Jahre

Bevölkerungswachstum: 1,9%
Bevölkerungsdichte: 9,6 Einw./km^2
Landesvorwahl: 0 09 68
Währung: Rial Omani (R.O.)
Zeitzone: MEZ + 3 Std (+ 2 Std. in der europäischen Sommerzeit)

Lage und Landschaft

Das **Sultanat Oman** besitzt im Norden zwei Enklaven, Madha und die Halbinsel Musandam an der strategisch wichtigen Straße von Hormuz. Seine Nachbarn sind im Nordwesten die VAE, im Westen Saudi-Arabien, im Süden die Republik Jemen. Die Nordküste liegt am Golf von Oman, die Ostküste am Arabischen Meer.

Die **Vereinigten Arabischen Emirate (VAE)** werden im Süden und Westen von Saudi-Arabien begrenzt, im Osten und Norden von Oman. Die Küste zum Arabischen Golf erstreckt sich über 750 km; Fujairah verfügt über 75 km Küste am Golf von Oman.

Politik und Verwaltung

Staatsoberhaupt **Omans** ist seit 1970 Sultan Qaboos bin Said Al-Said (geb. 1940), ein absoluter Monarch. Ihm zur Seite stehen

ein Ministerrat und eine beratende Volksvertretung. Parteien oder Gewerkschaften gibt es nicht. Seit 1996 besitzt das Sultanat eine Verfassung (Basic Law), in der Rechte und Pflichten von Staat und Staatsbürgern umrissen werden.

Die **Vereinigten Arabischen Emirate** sind ein Zusammenschluss von sieben Scheichtümern. Während es eine gemeinsame Außen- und Wirtschaftspolitik gibt, regieren die Emire ihre jeweiligen Gebiete autonom. Oberstes Gremium ist der Rat der Herrscher, in dem alle sieben Emire vertreten sind. Parteien oder Gewerkschaften sind unbekannt. Von der Gründung der VAE 1971 bis zu seinem Tod 2004 bekleidete der Emir von Abu Dhabi, Scheich Zayed bin Sultan Al-Nahyan, das Präsidentenamt. Nachfolger wurde sein Sohn, Scheich Khalifa bin Zayed (geb. 1948).

Steckbrief

Vereinigte Arabische Emirate

Fläche: 85 000 km²
Höchste Erhebung: Jebel Hafeet (1189 m)
Hauptstadt: Abu Dhabi

Amtssprache: Arabisch; Englisch
Lebenserwartung: Männer und Frauen 70 Jahre
Bevölkerung: 5 Mio.; 20% Einheimische, 80% Gastarbeiter, besonders aus Indien und Pakistan, anderen arabischen Ländern, Philippinen sowie Europa und den USA
Bevölkerungswachstum: 3,6% (bedingt durch die hohe Zuwanderung!)
Bevölkerungsdichte: 59 Einw./km²
Landesvorwahl: 0 09 71
Währung: Dirham (Dh.)
Zeitzone: MEZ + 3 Std. (+ 2 Std. in der europäischen Sommerzeit)

Wirtschaft

In beiden Ländern wäre die moderne Entwicklung ohne Erdöl nicht denkbar gewesen. Doch der Anteil des schwarzen Goldes am Bruttoinlandsprodukt geht kontinuierlich zurück, und irgendwann ist der Hahn zu. Allein Abu Dhabi wird auch in nächster Zukunft von seinen Ölvorkommen leben können, lagern hier doch rund 10% der Weltreserven – genug für die nächsten 120 Jahre.

Immer wichtiger werden die Erdgasressourcen. Außerdem bemühen sich beide Staaten um wirtschaftliche Alternativen wie Handel und Tourismus. Dubai ist dabei Vorreiter: Durch die Einrichtung von Freihandelszonen werden ausländische Firmen zur Ansiedlung animiert. Und nirgends sonst entstehen so viele touristische Attraktionen wie hier. Die globale Wirtschaftskrise setzte jedoch hinter einige geplante Projekte ein großes Fragezeichen.

Oman profitiert von seiner Lage am Indischen Ozean und seinen alten Handelskontakten nach Indien, Pakistan und Ostafrika. Auch der Tourismus wird als Einnahmequelle entdeckt.

Noch ist die Wirtschaft am Golf stark genug, für die soziale Absicherung der Bevölkerung zu sorgen. Einkommensteuer ist nach wie vor ein Fremdwort. Doch das wird nicht so bleiben, immerhin gab es schon Preiserhöhungen bei Benzin und Lebensmitteln.

Geschichte im Überblick

2500–1500 v.Chr. Kupferexport von Magan nach Mesopotamien, Dilmun und dem Indus-Becken; Dhufar unter der Herrschaft der Sabäer; Beginn des Schiffsbaus in Oman.

563 v.Chr. Kyros der Große bringt Nordoman unter persische Herrschaft.

500 v.Chr.–400 n.Chr. Höhepunkt des Weihrauchexports von Dhufar aus nach Mesopotamien, Ägypten, Rom und Griechenland.

1. Jh. n.Chr. Intensive Seehandelsbeziehungen nach Indien und Ostafrika.

630 Amr bin al-As islamisiert Oman.

633 Die Schlacht von Dibba (Emirat Fujairah) schließt die Islamisierung der Arabischen Halbinsel ab.

Um 660 Aufnahme des Seehandels mit China.

751 Wahl Julandi bin Masuds zum ersten ibadischen Imam.

1506–1508 Die Portugiesen erobern Masqat, Sohar, Qalhat und Quriyat sowie das Königreich von Hormuz.

1640–1649 Unter Imam Nasir bin Murshid werden die Portugiesen nach Masqat und Matrah zurückgedrängt. Die endgültige Vertreibung erfolgt 1650 unter Imam Sultan bin Saif. Aufbau einer neuen omanischen Flotte.

1650–1718 Ausbau der omanischen Seeherrschaft, Eroberungen und Kolonisation in Ostafrika, Indien und Persien.

1719–1744 Im Verlauf eines Bürgerkrieges besetzen Perser Teile Omans.

1744 Imam Ahmad bin Said besiegt die Perser und begründet die Al-Bu-Said-Dynastie.

Mitte 18. Jh. Die Stämme der Al-Qasimi und Bani Yas lassen sich an der Küste der Emirate (»Piratenküste«) nieder und bedrohen die britische und die omanische Seefahrt.

1752 Aufteilung Ostafrikas in Interessensphären zwischen Oman und Portugal.

1805–1820 Britische Angriffe auf die Häfen der »Piratenküste«.

Bis 1828 Ausweitung der omanischen Seemacht im Indischen Ozean. Kolonien an der ostafrikanischen Küste, in Gwadar (Pakistan) und Bandar Abbas (Persien).

1824 Sultan Said bin Sultan verlegt seinen Regierungssitz von Masqat nach Sansibar.

1853 Großbritannien setzt per Vertrag einen Waffenstillstand zwischen den Emiraten sowie deren Stellung als britisches Protektorat durch. Die »Piratenküste« wird zur »Trucial Coast« (»Vertragsküste«).

1856 Nach dem Tod Sultan Saids kommt es zum Erbfolgestreit innerhalb der Dynastie.

1861 Teilung in das Sultanat Sansibar und das Sultanat Oman.

1868–1959 Zweiteilung des Sultanats Oman, im Landesinneren herrscht der Imam, an der Küste der Sultan.

1920 Der Vertrag von Seeb bekräftigt die Zweiteilung Omans zwischen Sultan und Imam.

1952 Einrichtung eines gemeinsamen Rates der Scheichs der »Trucial Coast« unter britischem Vorsitz.

1952–1955 Buraimi-Konflikt zwischen Abu Dhabi, Oman und Saudi-Arabien, Eingreifen Großbritanniens.

1958 Erdölfunde in Abu Dhabi.

1959 Sultan Said bin Taimur schlägt mit britischer Hilfe den Jebel-Akhdar-Aufstand nieder.

1962 Abu Dhabi exportiert das erste Öl.

1965–1975 Aufstand in Dhufar.

1967 Erste Erdölexporte aus Oman.

1968 Großbritannien will sich aus den Emiraten zurückziehen; Verhandlungen über die Etablierung eines Bundes, der auch Qatar und Bahrain einschließen soll.

1970 Machtübernahme durch Sultan Qaboos bin Said in Oman.

1971 Oman wird Vollmitglied der UNO. Die sechs Emirate Abu Dhabi, Dubai, Sharjah, Ajman, Fujairah und Umm al-Quwain vereinigen sich in einer unabhängigen Föderation, 1972 tritt auch Ras al-Khaimah bei.

1979 Nach dem Friedensschluss von Camp David (1978) bricht Oman als einziges arabisches Land neben Sudan seine diplomatischen Beziehungen zu Ägypten nicht ab.

1981 Die VAE und Oman beteiligen sich an der Gründung des Golfrates.

1990 Grenzabkommen zwischen Saudi-Arabien und Oman.

1990–1991 Im zweiten Golfkrieg stellen die VAE und Oman Truppen zur Rückeroberung Kuwaits.

1995 Die VAE schließen mit Frankreich und Großbritannien militärische Beistandspakte ab.

1995 Das Luxushotel Burj al-Arab in Dubai wird eröffnet und setzt neue Maßstäbe.

2004 Scheich Zayed, erster Präsident der VAE, stirbt. Nachfolger wird sein Sohn, Scheich Khalifa.

2006 Tod des Emirs von Dubai, Scheich Maktoum bin Rashid al-Maktoum, Vizepräsident und Premierminister der VAE. Nachfolger wird sein jüngerer Bruder Mohammed.

2007 In Abu Dhabi wird die größte Moschee des Landes, benannt nach Scheich Zayed, eröffnet. Das Schutzgebiet für die Oryx-Antilopen in Oman verliert nach dramatischer Verkleinerung den UNESCO-Welterbestatus.

2009 Die erste Metro-Linie in Dubai wird eröffnet.

2010 Das mit 828 Metern höchste Gebäude der Welt, der Burj Khalifa, wird in Dubai eröffnet.

2011 Nach Protesten in Bahrain senden die VAE Polizeikräfte zur Unterstützung des dortigen Königshauses. In Oman werden nach massiven öffentlichen Protesten der Volksvertretung ein größeres Mitspracherecht eingeräumt und korrupte Minister entlassen.

Natur und Umwelt

Flora

In beiden Ländern beherrscht die Dattelpalme das Landschaftsbild. In Oman und den VAE herrscht das optimale Klima für diese Pflanze. 160 Sorten gedeihen hier. Einige Dattelarten, vor allem aus Nizwa in Oman, gehören angeblich zu den besten der Welt. Dattelpalmen sind anspruchsvolle Geschöpfe: Ihre Blütenstände wollen gegen Regengüsse geschützt sein, die Sonne darf nicht zu intensiv einstrahlen und natürlich müssen sie regelmäßig bewässert werden. Im Februar werden die weiblichen Palmen mit den Samen der männlichen bestäubt. Da es jedoch an Insekten fehlt, muss jeder einzelne Blütenstand per Hand bestäubt werden. Ab Juli können die ersten Früchte geerntet werden. Die kleine braune Frucht, die bis heute im täglichen Leben einen festen Platz hat, war über Jahrtausende das Grundnahrungsmittel für Beduinen und Seefahrer. Datteln enthalten viele B-Vitamine sowie Eisen und Kalzium. Ihr hoher Zuckergehalt sorgt für lange Haltbarkeit.

Dank des Klimas gedeihen in der Region auch Südfrüchte wie Papayas, Mangos und Bananen. Der Jebel Akhdar in Nordoman ist berühmt für seine Rosen, und im Süden wächst der legendäre Weihrauchbaum, Lieferant des wohlriechenden Harzes (> S. 99).

Die Omanis sind stolz auf ihr gut erhaltenes *falaj*-Netz, ein ausgeklügeltes System zur Sammlung und Verteilung von Wasser, das für die Landwirtschaft immer noch sehr wichtig ist. Es gibt den oberirdischen *ghayl falaj* und den unterirdischen *qanat falaj*. Bei Letzterem handelt es sich um einen horizontalen Stollen, der ein unterirdisches Grundwasser-Reservoir im Berghang mit einer Oase in der Ebene verbindet.

Dattelpalme mit vielen Früchten

Fauna

Beide Länder haben sich dem Schutz bedrohter Tierarten verschrieben. So gibt es strenge Jagdgesetze, und in den Zoos der VAE werden seltene Arten gezüchtet. Oman hat weitläufige Naturschutzgebiete eingerichtet, z.B. für Meeresschildkröten, Oryx-Antilopen und die arabische Bergziege Tahr. Oman und die Emirate dienen Zugvögeln als Station auf ihren Reisen. Vielerorts sind deshalb Schutzgebiete ausgewiesen, u.a. für Flamingos, Störche, Reiher, Adler und Schmutzgeier.

Die Küstengewässer Omans gehören zu den fisch- und artenreichsten des Indischen Ozeans. Mehr als 150 Fischarten wurden gezählt. In den Korallenriffen lebt eine Unzahl tropischer Fische, darunter Papageien-, Falken- und Schmetterlingsfische. Größere Meeresbewohner sind Buckel- und Pottwale sowie Hammer- und Makrelenhaie.

Die Menschen

Sultanat Oman

Im 2. Jh. n.Chr. wanderten arabische Stämme aus dem Jemen entlang der Südküste und durch das Innere der Arabischen Halbinsel in das heutige Oman ein und bilden den Ursprung der arabischen Bevölkerung. Im Süden des Landes ist der jemenitische Einfluss bis heute unübersehbar. Durch den Überseehandel kamen Perser, Inder sowie Afrikaner hinzu, die ihre Spuren hinterließen. Als »Sansibaris« werden Nachkommen jener omanischen Händler bezeichnet, die in den 1960er-Jahren von der Insel Sansibar vertrieben wurden und sich im Sultanat niederließen.

Kleidung

Nach wie vor kleiden sich Männer und Frauen in beiden Ländern traditionell. Während in den Emiraten das bis zu den Knöcheln reichende Gewand der Männer, die Dishdasha, meist reinweiß ist, tragen die Omanis verschiedene Farben. In den Emiraten bedecken Männer ihr Haupt mit der *keffiyeh* (weißes Tuch, gehalten von der schwarzen Kordel, *agal*), in Oman erfüllt ein *massaar* (Tuch) oder eine bestickte *kumma* (Kappe) diesen Zweck. Bei festlichen Anlässen führen die Männer einen *khanjar* (Krummdolch) mit sich.

In beiden Ländern tragen viele Frauen in der Öffentlichkeit die *abaya*, einen dünnen schwarzen Umhang. Bei den Beduinen hat die *burqa* ihren Ursprung, eine teilweise sehr dekorative Maske, die Nase und Mund bedeckt. In den ländlichen Gebieten hüllen sich die Frauen in farbige Stoffe, sie tragen dort eine bestickte Röhrenhose *(sirwal)* und darüber eine bis an das Knie reichende bunte Dishdasha. Um den Kopf schlingen sie ein Tuch, das Haar und Hals schützen soll. Frauen aus Dhofar bevorzugen Samtstoffe.

Studentinnen an der omanischen
Sultan-Qaboos-Universität

Vereinigte Arabische Emirate

Die arabische Bevölkerung der VAE hat ihren Ursprung ebenfalls in der Völkerwanderung des 2. Jh. n.Chr. Die Stämme ließen sich zunächst in den Oasen bei Liwa und Al-Ain nieder. Erst im 18. Jh. erfolgte die Besiedlung der Küste, vor allem durch Stammesmitglieder der Bani Yas. Dazu gehören die Familie der Al Nahyan, die Begründer und heutigen Herrscher in Abu Dhabi sowie die Maktoum-Familie aus Dubai.

Das rasante Bevölkerungswachstum der Emirate ist vor allem auf die große Zahl an Gastarbeitern zurückzuführen: Der Ausländeranteil des Landes von 80% dürfte wohl der höchste der Welt sein. Die meisten Gastarbeiter kommen aus Indien (Kerala), Pakistan und Bangladesch, aber auch aus Afghanistan; viele Kinder- und Hausmädchen stammen von den Philippinen. Während Niedriglohnarbeiter – Bauarbeiter, Gärtner, Taxifahrer – oft unter schlechtesten Bedingungen schuften, genießen Spezialisten (z.B. indische Computerfachleute, europäische Ingenieure) die ansehnlichen Gehälter und den angebotenen Luxus.

Frauen in der Gesellschaft

Die Rolle der Frau wandelt sich. Nach wie vor verwaltet sie die Familienfinanzen, kümmert sich um die Kinder und hat in vielen familiären Bereichen ein gewichtiges Wort mitzureden. Aber immer mehr junge Frauen legen Wert auf eine Ausbildung. Von Taxifahren über Polizei und Militär bis in die Politik reicht das Betätigungsfeld. Als in Oman kurzzeitig debattiert wurde, ob Frauen ihre Arbeitsplätze den Männern überlassen sollten (Arbeitslosigkeit ist im Sultanat kein Fremdwort mehr), dekretierte Sultan Qaboos kurz und bündig, dass Ansinnen dieser Art den Grundsätzen des Islam widersprächen und durch nichts zu rechtfertigen seien. Seither ist die Diskussion verstummt. Selbst in Fragen der Empfängnisverhütung interpretiert man den Koran zustimmend. Eine ähnliche Politik – in Saudi-Arabien oder im Iran undenkbar – wird in den VAE verfolgt.

Religion

Die Grundsätze des Islam bestimmen wie in allen muslimischen Ländern auch in den Golfstaaten das tägliche Leben. Doch geht man hier recht liberal damit um – in Dubai wären z.B. einige Etablissements mit dem ältesten Gewerbe der Welt sonst nicht denkbar. Auch religiöser Fanatismus ist kein Thema, schon aus wirtschaftlichen Gründen nicht. In den VAE folgt die Bevölkerung den gemäßigten Grundsätzen der Sunniten, während die Omanis hauptsächlich Ibaditen sind. Diese folgen einer Auslegung des Islam, in der Mäßigung und Toleranz die Grundpfeiler bilden, ein ausschließlicher Wahrheitsanspruch wird abgelehnt. Glaubensfreiheit ist ein garantiertes Recht, daher finden sich in Masqat oder Salalah Hindutempel ebenso wie christliche Kirchen.

Kunst, Kultur und Kunsthandwerk

Architektur

Die eindrucksvollsten Bauten sind die Festungen. Festung ist dabei nicht gleich Festung, eine Unterscheidung in Paläste, wie jene von Jabrin oder Bait Na'aman, und Burgen, wie jene von Rostaq oder Nizwa, ist sinnvoll. Die Paläste wurden im Inneren prächtig mit Schnitzereien, Deckenmalereien und Stuckaturen ausgestattet. Die Burgen hingegen waren einzig und allein auf Schutz und Abwehr angelegt.

Weder Oman noch die VAE haben bei der Erbauung von Moscheen einen eigenen Stil hervorgebracht. Die Gebetshäuser waren einfache Lehmbauten. Heute greifen Architekten beim Bau neuer Moscheen auf Stilelemente der gesamten arabisch-islamischen Welt zurück.

Blickfang vor blauem Himmel: Moschee in Al-Khuwair (Masqat)

Beim Bau von Wohnhäusern achtete man darauf, dass sie sowohl Schutz vor der Hitze als auch vor etwaigen kriegerischen Auseinandersetzungen boten: mit dicken Mauern, schießschartenähnlichen Fenstern im Erdgeschoss und größeren Fenstern nur in den oberen Räumen, um einen kühlenden Luftzug zu ermöglichen.

In Dubai ist eine historische Version der Klimaanlage zu sehen: Windtürme mit offenen Mauern leiteten durch ein ausgeklügeltes Schachtsystem den kühlenden Wind in die Räume.

Ob Alt- oder Neubau, der Grundriss arabischer Häuser ist meist gleich. In der Regel liegt beim Eingang ein separater Raum, *majlis*, der als Wohn- und/oder Empfangszimmer dient. Hier wird Besuch empfangen und bewirtet. Tiefer in das Haus vorzudringen bleibt Verwandten und sehr guten Freunden vorbehalten.

Kunsthandwerk

Schmuck besitzt zweierlei Bedeutung. Zum einen dient er als Amulett gegen böse Blicke oder Verwünschungen, zum anderen der Absicherung der Frau nach einer Scheidung oder dem Tod des Ehemannes. Es ist Tradition, dass der Bräutigam der Braut bei der Hochzeit neuen Silberschmuck schenkt. Kaum zu finden sind alte Stücke; Schmuck wurde in der Regel eingeschmolzen, um neuen anzufertigen.

Weit verbreitet war der österreichische Maria-Theresia-Taler, der in viele Schmuckstücke eingearbeitet wurde und bis 1968 als omanische Währung diente. Da Silber preisgünstiger war als Gold, konzentrierten sich die Schmiede darauf, aus dem Edelmetall schöne Stücke zu produzieren. Die berühmtesten Silberschmiede gab es in Nizwa, nach wie vor profitiert die Stadt von diesem Ruf. Allerdings sind die schönen Stücke hier oft teurer als etwa im Suq von Matrah. Heute erwerben die Menschen lieber Gold, da es wertbeständiger ist.

Viel Aufmerksamkeit wird zudem dem Schmieden der Dolche und Schwerter gewidmet. Nach wie vor werden auch kleine, mit Schnitzereien und Beschlägen versehene Holztruhen hergestellt, die früher Männer ihren Bräuten zum Aufbewahren von Schmuck schenkten. Bahla, das mit Ton reich gesegnet ist, entwickelte sich zu einem Zentrum der Töpferei. Noch heute kann man Töpfern bei der Fertigung von Schalen, Töpfen, Weihrauchbrennern und Vasen zuschauen.

Ein Prachtstück omanischer Silberschmiedekunst

Musik und Tanz

Früher wurde nahezu jede Tätigkeit von Musik und Gesang begleitet. Ob beim Hissen der Segel, beim Wasserholen am Brunnen oder bei der Feldarbeit – man sang. Musik spielt heute noch eine große Rolle bei gesellschaftlichen Anlässen wie Geburten und Hochzeiten oder an religiösen Feiertagen. Hier sind besonders die temperamentvollen Tänze der Frauen zum Ende des Ramadan zu erwähnen. Bei Kamelrennen, die zwischen verschiedenen Regionen ausgetragen werden, besingen die jeweiligen Bewohner ihren Mut und Kampfgeist. Dabei greifen alte Männer zu den traditionellen Waffen (Schwert und Schild) und führen *razhas*, alte Kriegstänze, auf.

Besonders gute Chancen, traditionelle Musik und Tänze zu erleben, bieten die Feierlichkeiten anlässlich der Nationalfeiertage oder Veranstaltungen wie das Dubai Shopping Festival oder das Masqat City Festival. Diese Aufführungen sind meist von hoher Qualität und niemals nur ein reines Touristenspektakel.

Die Bauchtänze, die in den Emiraten allerorten angepriesen werden, sind übrigens ebenso wie die berühmte Wasserpfeife ein Kulturimport, der erst vor einigen Jahrzehnten mit den arabischen Gastarbeitern ins Land kam.

Feste und Veranstaltungen

Staatliche und religiöse Feiertage

Die VAE begehen ihren Nationalfeiertag am 2. und 3. Dezember mit bunten Paraden, festlich geschmückten Gebäuden und vielen Sportveranstaltungen. Im Sultanat Oman ist der Geburtstag von Sultan Qaboos am 18. November Nationalfeiertag, den der Jubilar mit einer Militärparade in Masqat und einer weiteren Veranstaltung anderswo im Land begeht. In beiden Ländern gehören u.a. Kamelrennen zum Unterhaltungsprogramm, und in den Heritage Villages gibt es spezielle Veranstaltungen.

Während die staatlichen Feiertage nach dem gregorianischen Kalender festgelegt sind, »wandern« die religiösen Feiertage durchs Jahr, da sie sich nach dem islamischen Mondkalender richten. Dazu gehören z.B. das Große Opferfest am Ende des Pilgermonats, *eid al-adha*, der Geburtstag des Propheten, *maulid an-nabi*, das islamische Neujahr und das Fest zum Ende des Ramadan, *eid al-fitr.* ❯ auch S. 160

Auch zu diesen Anlässen finden besondere Veranstaltungen ähnlich wie an den staatlichen Feiertagen statt, ansonsten werden Touristen davon aber meist nicht viel mitbekommen. Auf den Straßen mag es tags-

über etwas ruhiger und an den Abenden auf den Märkten lebhafter zu-
gehen als sonst. Außerdem präsentieren Kinder stolz ihre neuen
Gewänder und bitten die Erwachsenen um ein paar Münzen, denn es
ist traditionelle Sitte, zu solchen Feiertagen Kleinstbeträge an die Jüngsten zu verschenken.

Veranstaltungs-
kalender

Termine (variieren von Jahr zu
Jahr) und Veranstaltungstipps
gibt es vor Ort z.B. in den Magazi-
nen »Time Out Masqat«, »Time
Out Abu Dhabi« und »Time Out
Dubai« sowie in Tageszeitungen.

Masqat
Masqat City Festival: meist Jan./
Feb., Aufführungen von traditio-
nellen Tänzen und Musik im
Qurum Natural Park.

Dubai
Internationales Jazzfestival:
Auch internationale Größen der
Jazzszene treten in Dubai auf;
www.chilloutproductions.com.
Internationales Filmfestival:
Gezeigt werden Filme aus Holly-
wood und Bollywood, aber auch
arabische Produktionen; www.
dubaimediacity.com.
Dubai Shopping Festival: Ursprünglich eine Art Frühjahrs-
schlussverkauf, ist daraus eine
vierwöchige Veranstaltung mit
Feuerwerk, Livekonzerten und
Modenschauen geworden 〉 auch
S. 128.
Dubai World Cup: das höchstdo-
tierte Pferderennen der Welt,
meist im März; www.dubaiworld
cup.com.
Dubai Tennis Open: Die Top 10
der Weltrangliste sind meistens

hier vertreten; www.dubaitennis
championships.com.
Powerbootrennen: die Formel 1
der Motorbootrennen; www.
dimc.ae
Dubai Desert Classics: Golftur-
nier; www.dubaidesertclassic.
com.
Dubai Desert Challenge: Wüs-
tenrallye von Abu Dhabi nach
Dubai; www.uaedesertchallenge.
com.

Abu Dhabi
Abu Dhabi Salsa & Jazz Festival:
Konzerte im Kulturzentrum und
in verschiedenen Hotels; www.
chilloutproductions.com.
**Abu Dhabi Classic Music Festi-
val:** viele Konzerte; www.chillout
productions.com.
**Pferderennen und Showsprin-
gen:** www.adec-web.com
Red Bull Air Race: Die besten
Piloten der Welt stellen sich den
Herausforderungen dieses Hin-
derniswettfliegens; www.redbull
airrace.com.

Al-Ain
Al-Ain Flower Festival: im Frühjahr, vergleichbar mit der Bun-
desgartenschau, nur in sehr viel
kleinerem Rahmen; wird mit
bunter Parade durch die Stadt eröffnet.
Classical Music Festival: www.
aafc.ae

Essen und Trinken

Die Küche Omans ist die Summe indischer, indonesischer und ostafrikanischer Einflüsse sowie traditioneller beduinischer Rezepturen und Neuerungen durch die vielen Gastarbeiter aus Asien und Europa.

Grundsätzlich gibt es Datteln, Reis, Huhn, Fisch und Lamm. Andere Spezialitäten sind zwar nicht unbekannt, aber in der Zubereitung so kompliziert, dass sie nur zu festlichen Anlässen aufgetischt werden. Da wäre zum Beispiel *shoowa*, ein mit Dattelbrei und Bizar gewürztes, in Bananenblätter und einen Palmblättersack gewickeltes Lamm, das in einem Erdloch bis zu 24 Stunden lang gegart wird. Allerdings werden Extravaganzen dieser Art lediglich zu den Id-Festen zubereitet. Als Tourist kommt man leider kaum in den Genuss eines original omanischen Essens. In der Mehrzahl der Hotels und Restaurants des Landes haben vor allem indische und europäische Köche das Sagen.

Eine Spezialität der VAE ist *kabsa*, mit Reis, Mandeln und Gewürzen gefülltes Schaf. Die Frage nach lokalen Spezialitäten der einzelnen Emirate wird meistens mit einem bedauernden Achselzucken beantwortet. Großen Zuspruchs erfreuen sich die kleinen Restaurants mit indischer Küche. Es lohnt sich, hier eines der angebotenen Standardgerichte wie Salat, Tagessuppe, *biryani* (Reis mit gekochtem Gemüse sowie Huhn, Lamm oder Fisch) zu probieren. Die fischreichen Küstengewässer versorgen viele Lokale mit frischem Fisch. Eine andere Möglichkeit, den Hunger zu stillen, bieten die unzähligen Shawarma-Stände, die geröstetes Lamm- oder Hühnerfleisch ähnlich einem *kebab* zubereiten.

In beiden Ländern herrschen strenge Vorschriften hinsichtlich der Hygiene. Ohne Bedenken kann man auch in kleinen Restaurants entlang der Strecke einen frischen Salat genießen.

Die besten Restaurants

■ Nur zu festlichen Anlässen gönnten sich die Beduinen Kamelfleisch. Wie köstlich das schmecken kann, erleben Sie im einfachen **Green Garden Restaurant** in Salalah, in dem auch Sultan Qaboos schon bestellt hat. ❯ S. 96

■ Während die nächtliche Skyline Abu Dhabis an Ihnen vorbeizieht, genießen Sie auf der **Jacht »Shuja«** ein reichhaltiges Meeresfrüchte-Buffet. ❯ S. 114

■ Auf Wolke Sieben schwebt man in **Vu's Restaurant** in Dubai. Und das nicht nur, weil es sich im 50. Stockwerk der Emirates Towers befindet! ❯ S. 142

■ Sie möchten einheimische Küche in historischer Umgebung probieren? Dann reservieren Sie im **Local House** in Dubais Bastakia-Viertel. ❯ S. 142

Unterwegs in Oman und den Vereinigten Arabischen Emiraten

Entdecken Sie die einzelnen Reiseregionen –
jeweils mit den schönsten Touren, allem
Sehens- und Erlebenswertem, Hotel-, Restaurant-,
Nightlife- und Shoppingtipps

**Masqat

Nicht verpassen!

- Einen Besuch in der Großen Moschee mit ihrem glitzernden Kronleuchter
- Eine Motorboottour entlang der Küste im weichen Licht des Nachmittags
- Einen Bummel über den lebendigen Suq von Matrah am Abend
- Einen Spaziergang durch die Altstadt mit Palast und Blumenpracht

Zur Orientierung

Bis 1970 war die alte Hafen- und Handelsstadt Masqat, die – umgeben von Bergen – in einer malerischen Bucht liegt, die Hauptstadt eines verschlossenen, weltabgewandten Sultanats. Die Stadttore wurden bei Sonnenuntergang geschlossen, als wäre die Zeit im Mittelalter stehen geblieben. Mit der Machtübernahme des heutigen Sultans, die als »omanische Renaissance« bezeichnet wird, begann die Modernisierung. Sultan Qaboos sorgte für eine Verbesserung der Lebensumstände durch den Bau von Schulen, Straßen und modernen Häusern.

Die Altstadt von Masqat ist heute ein ruhiger Palast- und Regierungsbezirk. Doch wo sich einst vor den Toren der Stadt nichts als Berge und Halbwüste ausbreiteten, pulsiert jetzt das Leben. Die »Capital Area« gilt in der arabischen Welt als Musterbeispiel moderner Stadtplanung. Was am Anfang so großzügig schien, ist allerdings mittlerweile vom rasanten Wachstum eingeholt worden. Fast 700 000 Menschen wohnen in und um Masqat. Im Wirtschaftsbereich setzt man zunehmend auf den Tourismus, der mit Großprojekten à la Dubai angekurbelt wird. Nahe dem Flughafen wächst »The Wave«, die Welle, aus dem Boden, mit Jacht-

Acht Meter hoch ist der Kronleuchter in der Großen Moschee.

hafen, Golfplätzen, Luxushotels und Wohnungen.

Masqat gilt als eine der heißesten Hauptstädte der Erde, doch in den Wintermonaten herrschen hier angenehme Temperaturen. An feucht-heißen Tagen bieten Badebuchten mit Sandstränden Abkühlung. Die Berge schaffen ein beeindruckendes Panorama für einen Ausflug mit einer alten Holz-Dhau – mit diesen Schiffen beherrschten die Omanis einst den Ozean. Unter Wasser setzen sich die Bergrücken fort, und zusammen mit den vielen Fischen des Indischen Ozeans, an dessen Gestaden Omans Hauptstadt liegt, schaffen sie eine spannende Unterwasserwelt für Taucher. Selbst zu Fuß lassen sich die Berge erkunden: Für ein paar Stunden vergisst der Wanderer, dass er in einer Hauptstadt ist.

Für Abwechslung vom Strandalltag sorgen viele Museen, die interessante Einblicke in die Vergangenheit des Landes, in seine Flora und Fauna oder – wie das Erdölmuseum – in Spezialthemen bieten. Frühaufsteher haben in den Morgenstunden herrliches Licht und genießen die Stille. Oder sie sind als erste auf dem Fischmarkt in Matrah. Nach der Mittagsruhe erwachen die Märkte, Grünanlagen und Freizeitparks erneut zum Leben. Dann schenkt das Sonnenlicht der Stadt und den Bergen einen warmen Glanz.

Touren in der Region

Stadtrundfahrt durch Masqat

– ❹ – **Große Moschee** ›
Naturhistorisches Museum ›
Faisal bin Ali Al Said Museum
› **Shati al-Qurum** › **Barr al-Jis-**
sah › **Altstadt von Masqat** ›
Suq von Matrah

Länge: 4–5 Std. ohne Muse-
umsbesuche; 7–8 Std. mit
Museen und Mittagspause
Praktische Hinweise: Für diese
Tour nimmt man sich ein Taxi
oder einen Mietwagen, mit
Letzterem ist man, weil man
sich selbst orientieren muss,
evtl. etwas länger unterwegs.
Man findet sich aber relativ gut
zurecht, denn die Straßenschil-
der sind auch auf Englisch beschriftet. Parkplätze sind überall ausreichend vorhanden.

Weil in jedem Reiseprospekt steht,
dass Oman ein Wüstenstaat ist,
überrascht und erfreut die Blumenpracht entlang der Hauptstraßen und in den Gärten Masqats
umso mehr.

Ein Muss ist der Besuch der
**Großen Moschee › S. 54, und
da diese nur am Vormittag für Besucher zugänglich ist, beginnt die
Stadterkundung mit einem Rundgang durch die imposante Gebets-
halle und den großen marmornen
Innenhof.

Das ***Naturhistorische Muse-**
um › S. 55 liegt 15 Autominuten
von der Moschee entfernt im Bot-
schafts- und Ministerienviertel
Al-Khuwair. Es bietet einen guten
Überblick über die Regionen des
Landes, veranschaulicht die To-
pographie Omans und gewährt
Einblicke in die geologisch außer-
gewöhnliche Vergangenheit. Die
berühmten Weihrauchbäume
wachsen 1000 Kilometer südlich
von hier – wer nicht dorthin reist,
kann zumindest ein Exemplar im
Museumsgarten begutachten.
Historische Waffen und befestigte
Wehranlagen sind das Thema des
kleinen, schön gestalteten **Faisal**
bin Ali Al Said Museum › S. 56,
das direkt nebenan liegt.

In der Mittagszeit kehrt man
entweder ins Hotel zurück oder
man unternimmt am **Strand von**

– ❹ – **Stadtrundfahrt durch**
Masqat Große Moschee ›
Naturhistorisches Museum ›
Faisal bin Ali Al Said Museum ›
Shati al-Qurum › **Barr al-Jissah** ›
Altstadt › **Suq von Matrah**

Qurum (Shati al-Qurum) > S. 57 einen Spaziergang und gönnt sich in einem Café hinter dem Hyatt Regency Hotel einen Cappuccino oder einen frischen Saft.

Nicht weit vom Al-Bustan Hotel befindet sich die bergige Zufahrt zu dem kleinen Örtchen Qantab, daneben liegt Barr al-Jissah > S. 58, eine schöne Bucht, wo man baden oder zu einem halb- oder einstündigen Motorbootausflug entlang der Küste starten kann. Der frühe Nachmittag ist dafür wegen der Lichtverhältnisse besonders geeignet. In einer Nachbarbucht befindet sich übrigens das Tauchzentrum.

Nach der Bootstour bleibt noch genug Zeit für einen Spaziergang durch die Altstadt von Masqat >

S. 50 (Auto außerhalb der Stadtmauer abstellen) mit dem *Sultanspalast > S. 50 und den beiden Festungen *Mirani und *Jalali > S. 50. Das **Kulturhistorische Museum Bait Al Zubair > S. 52, ebenfalls in der Altstadt gelegen, hat zwar auch am Nachmittag geöffnet, aber dafür sollte man einen Extra-Besuch einplanen.

Zwischen Alt-Masqat und Matrah verläuft die Riyam-Straße, die erste befestigte Straße Omans, die 1929 feierlich eröffnet wurde. Alle damals in Oman existierenden Autos nahmen an der Parade teil – immerhin vier Fahrzeuge! Der Blick von oben auf das abendlich beleuchtete Masqat ist wunderschön. Auf der anderen Seite der Anhöhe liegt Matrah mit sei-

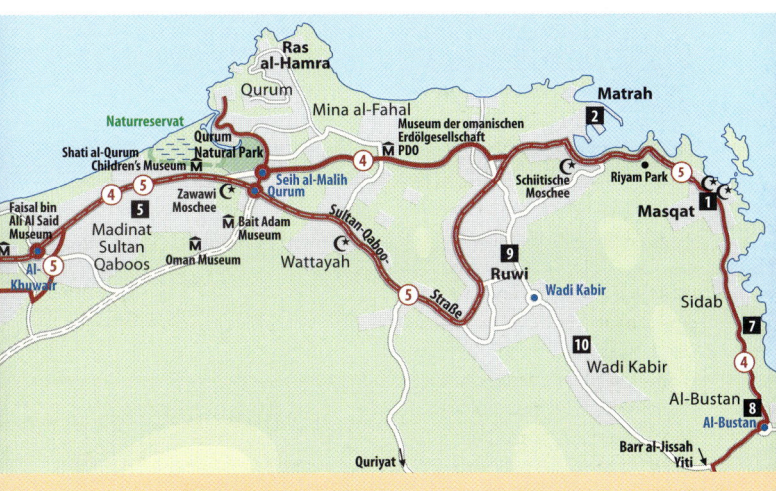

— 5 — Masqats Moscheen Sultan-Qaboos-Straße > Große Moschee > Said-bin-Taimur-Moschee > Wattayah-Moschee > Masjid al-Khor > Masjid al-Zawawi > Schiitische Moschee

ner Corniche, der alten Festung und dem Suq.

Auf dem ****Suq von Matrah ›** S. 54 wirkt am Abend alles etwas entspannter als am Vormittag, auch die Einheimischen scheinen dann eher zu schlendern als gezielt Einkäufe zu erledigen.

Masqats Moscheen

– ❺ – **Sultan-Qaboos-Straße ›** **Große Moschee › Said-bin-Taimur-Moschee › Moschee von Wattayah › Masjid al-Khor › Masjid al-Zawawi › Schiitische Moschee**

Länge: ca. 4–5 Stunden
Praktische Hinweise: Auch für diese Tour bieten sich Taxi oder Mietwagen an, s. Stadtrundfahrt durch Masqat (S. 46); bis auf die Große Moschee sind alle Moscheen nur von außen zu besichtigen.

Weil einem Omani während einer Deutschlandreise die bayerischen Kirchtürme mit ihren Uhren so gut gefielen, ließ er beim Bau seiner Moschee in Masqat eine Uhr am Minarett anbringen – ein ungewöhnliches Stilmerkmal.

In Oman lebten früher wenig Menschen, die Orte waren klein. Deshalb benötigten die Moscheen kein Minarett, es genügte, wenn sich der Muezzin auf das Dach stellte und zum Gebet rief. Heute funktioniert das natürlich nicht mehr, da sich aber nie eine eigenständige Moscheearchitektur entwickelt hat, bediente man sich beim Bau neuer Gebetshäuser

Stilelementen aus der gesamten arabisch-islamischen Welt. Und so findet man in Masqat die unterschiedlichsten Bethäuser. Viele bieten schöne Fotomotive, einige stehen außerdem in prachtvollen Gartenanlagen.

Vor einem Besuch der Großen Moschee liegen zwei schlanke Gebetshäuser an der **Sultan-Qaboos-Straße**. Beide sind von der wohlhabenden Zawawi-Familie erbaut und tragen deren Namen. Die eine › S. 56 erkennt man an der Minarett-Uhr und dem herrlichen Garten, die andere › S. 56 steht wenige Kilometer weiter neben der Eislaufhalle.

Die fünf markanten Minarette der ****Großen Moschee ›** S. 54 ragen weithin sichtbar in den Himmel; sie stehen für die fünf Säulen des Islam. Das riesige, 2001 eröffnete Gebetshaus kann am Vormittag auch von innen besichtigt werden.

Die ungewöhnliche, türkisch inspirierte Architektur lohnt den kleinen Umweg zur **Said-bin-Taimur-Moschee ›** S. 56 in Al-Khuwair. Ein Kleinod moderner Architektur sind die Minarette der Moschee im Stadtteil **Wattayah**, man sieht sie schon von der Schnellstraße.

In der Vorfreude auf den Besuch des Suqs von Matrah wird auch das prächtige Minarett der **schiitischen Moschee ›** S. 53 oft kaum gewürdigt, obwohl es mit seinen bunten Fayencekacheln wiederum eine Kuriosität ist.

Bei einem Spaziergang durch die Altstadt von Masqat richten

sich die Kameras auf die kleine **Masjid al-Khor** ❯ S. 51 oder Hafenmoschee zu Füßen der Festung Mirani. Die **Masjid al-Zawawi** ❯ S. 51 gegenüber dem Eingang zum Sultanspalast wird hingegen oft übersehen, dabei ist sie eines der wenigen historischen Gebäude, das nicht der Modernisierung der Altstadt weichen musste.

Verkehrsmittel

Der Seeb International Airport liegt westlich der Hauptstadt. Bis 2011 soll die erste Phase der Erweiterung abgeschlossen sein. Von hier starten auch Inlandsflüge nach Salalah. Shuttlebusse gibt es nicht; eine Taxifahrt in die Stadt kostet ca. 8 R.O.

Masqat ist sehr weitläufig, ohne Auto kommt man nicht weit. Da die Hauptstadt recht übersichtlich ist und noch nicht im Verkehrschaos erstickt, kann man durchaus erwägen, sich für zwei oder drei Tage einen Mietwagen zu nehmen. Es verkehren zwar Linienbusse, aber von den Haltestellen ist es mitunter noch weit zu den Sehenswürdigkeiten. Sammeltaxen stoppt man per Handzeichen, allerdings bewegen sie sich nur auf den Hauptverkehrsstraßen. Am bequemsten ist das Taxi; wenn man mit dem Fahrer zufrieden ist, kann man ihn für den ganzen Tag engagieren.

■ **Flughafen:** Seeb, 40 km westlich vom Zentrum, Fluginformation: www.omanairports.com/flighttimetable.asp

Die schiitische Moschee in Matrah

■ **Mietwagen:**
Am Flughafen oder in der Stadt.
Avis, Tel. 24 60 72 35;
Budget, Tel. 24 79 47 21; Toyota Rent A Car, Tel. 24 56 14 27;
Mark Rent A Car, Tel. 24 56 24 44.
■ **Busbahnhof:** in Ruwi beim Ruwi-Kreisverkehr, Oman National Transport Co. (ONTC), Tel. 24 59 00 46, www.ontcoman.com.

Wichtige Adressen

■ **Time Out Muscat** – Magazin mit aktuellen Veranstaltungstipps, in Supermärkten erhältlich.
■ **www.trekearth.com/gallery/Middle_East/Oman/North/Masqat:** Bilder zur Orientierung und Einstimmung.

Unterwegs in **Masqat

Die Altstadt Masqat ◯1

Die Altstadt ist die Keimzelle der heutigen Capital Area Omans. In den 1980er-Jahren ließ Sultan Qaboos viele historische Gebäude und Straßen abreißen oder umbauen, um den Anforderungen einer modernen Infrastruktur gerecht zu werden. Heute beherbergt die Altstadt, wunderschön in einer hufeisenförmigen Bucht gelegen, vor allem Regierungs- und Verwaltungsgebäude, aber auch noch einige Reminiszenzen an vergangene Zeiten.

Nähert man sich der Altstadt von Norden her, überspannt ein scheinbar altes Stadttor die Straße. Es ist jedoch ein Neubau, in dem das **Gate Museum** einen sehr interessanten Überblick über die Stadtgeschichte gibt (Sa–Do 9.30 bis 11.30, 16.30–19 Uhr).

Hinter dem Gate Museum verläuft die **Stadtmauer**, die mit der ursprünglichen Mauer nur den Verlauf gemein hat. Auch die Stadttore mussten für den modernen Verkehr angepasst und verbreitert werden. Das wichtigste, **Bab al-Kabir**, bietet nun zwei Fahrzeugen nebeneinander Platz. Hinter dem westlichsten Tor, **Bab Muthab**, führt links ein Tunnel zur alten Hafenbucht, die von zwei mächtigen Festungen flankiert wird.

Die Festungen

Aus dem Tunnel rechts abbiegend, steht man unterhalb der Festung *Mirani ◯A. Die 1587 von den Portugiesen errichtete Anlage wird heute von der königlichen Garde genutzt und ist Besuchern nicht zugänglich.

Von der Straße bietet sich ein schöner Blick auf die Bucht und die gegenüberliegende Festung *Jalali ◯B. Bis in die 1970er-Jahre fungierte sie als berüchtigtes Gefängnis. Heute ist dort das Besuchern nicht zugängliche Privatmuseum des Sultans untergebracht.

Schaut man genau hin, erkennt man links von der Festung Jalali weiße, bis zu einem Meter hohe Buchstaben auf dem grauen Felsen. Es sind **Namen von Schiffen**, die von den Besatzungen der Windjammer zur Erinnerung an ihren Aufenthalt in Masqat auf den Stein gemalt wurden – auch auf der dem Meer zugewandten Seite. Said bin Taimur, der Vater von Sultan Qaboos, bezeichnete den Felsen scherzhaft als sein »Gästebuch«.

*Al-Alam-Palast ◯C

An Stelle des väterlichen Lehmpalastes ließ Sultan Qaboos 1970 diesen stilistisch eigenwilligen Bau errichten. 2005 erweiterte er seine hermetisch abgeriegelte Residenz um einen strahlend weißen Gebäudekomplex und eine Zu-

Masqats Stadtbild wird von der wehrhaften Mirani-Festung beherrscht

fahrtsallee. Der Eingang befindet sich auf der Landseite. Ihm gegenüber steht die kleine Moschee **Masjid al-Zawawi.** Ihr Minarett gleicht einem überdachten Türmchen mit Zinnen und ist von großen Indischen Mandelbäumen eingerahmt.

Khor-Moschee

Zu Füßen der Festung Mirani duckt sich die neu erbaute kleine Moschee Masjid al-Khor. Das Blau der Kuppel und des Minaretts steht in schönem Kontrast zu den mächtigen grauen Felsen dahinter.

Altstadt von Masqat

0   200 m

Ⓐ Festung Mirani   Ⓓ Khor-Moschee   Ⓕ Bait Fransa
Ⓑ Festung Jalali   Ⓔ Bait Graiza   Ⓖ Bait al-Zubair
Ⓒ Al-Alam-Palast

Bait Graiza

Das imposante Wohnhaus ist eines der schönsten Beispiele omanischer Architektur. Der Name leitet sich vom portugiesischen Wort *igreja* (Kirche) ab, da sich hier früher eine portugiesische Handelsniederlassung samt Kapelle befand. Zunächst diente das Haus als Imamresidenz, später als Gästequartier; auch die Mutter von Sultan Qaboos soll hier zu Besuch gewesen sein.

Die 14 Kanonen vor dem Haus kamen im 19. Jh. als Geschenk aus Indien, der damalige Sultan hatte jedoch keine Verwendung für sie.

*Bait Fransa

In der ehemaligen Residenz der französischen Botschafter und Konsuln hat heute das **Omanisch-Französische Museum** seinen Sitz. Außer dem Mobiliar des französischen Botschafters und Dokumenten zur Geschichte der omanisch-französischen Beziehungen ist im »Franzosenhaus« eine interessante Trachtensammlung zu sehen (Sa–Do 9–13, 16 bis 19 Uhr).

**Bait al-Zubair

Gegenüber dem Bab al-Kabir befindet sich dieses aufwendig gestaltete Museum. Seine große Sammlung gewährt einen umfassenden Einblick in verschiedene Lebensbereiche der Omanis und in die reiche Kunstgeschichte des Landes.

Zu den Ausstellungsobjekten gehören Kleidung, Haushaltsgegenstände, Schmuck und Waffen. Im Garten wurde ein traditioneller *falaj*-Kanal angelegt ❯ S. 34 und eine Palmblatthütte *(barasti)* errichtet. Eine Fotoausstellung sowie ein Souvenirgeschäft sind angeschlossen (Sa–Do 9.30–13, 16 bis 19 Uhr).

Matrah 2

Die Bucht von Matrah gehört zu den schönsten und lebendigsten Stadtteilen Masqats. Hier liegen der stimmungsvolle Suq und der lebendige Fisch- und Gemüsemarkt, es gibt charmante Restaurants und Hotels. Schon von Weitem sieht man die großen Kräne des modernen Containerhafens, ein Pier wird von Kreuzfahrtschiffen genutzt, und auch die Jacht des Sultans, die 2007 in Deutschland gebaut wurde, liegt hier vor Anker.

Es empfiehlt sich, zu Fuß durch die Gassen und entlang der Corniche zu schlendern. Während in Masqat viele alte Häuser einer Palasterweiterung weichen mussten, ist hier noch viel von der ursprünglichen Bausubstanz erhalten geblieben.

Beim Fisch-Kreisverkehr steht ein wunderschönes Haus, das **Bait al-Baranda** aus dem frühen 20. Jh. Es beherbergt ein kleines Museum, in dem die Geschichte des Landes sowie der Hauptstadt Masqat behandelt wird (Sa bis Do 9–13, 16–18 Uhr). Der ursprünglich offene Eingangsbereich wurde zu einem schönen kleinen Cafe umgebaut, in dem es sich auch

Matrah hat noch etwas von der Atmosphäre des alten Orients bewahrt

ohne Museumsbesuch sehr nett entspannen lässt.

Im Juni 2007 beschädigte der Zyklon »Gonu« Teile von Masqat, darunter den Hafen von Matrah. Im Zuge der Wiederaufbauarbeiten verschönerte man auch das Marktareal. Auf dem **Fisch- und Gemüsemarkt** geht es stets sehr lebhaft zu, die omanischen Fischer sind oft zu einem Späßchen aufgelegt. Doch man muss hier sehr früh dran sein: Bereits mit dem ersten Tageslicht treffen die frischen Fische ein. Je nach Saison sind Haie, Thunfische, Krabben oder Oktopusse dabei. Gleich nebenan gibt es die Gemüsebeilagen sowie würzigen Ziegenkäse in Form von kleinen weißen Bällchen. Spätestens um 13 Uhr ist das Marktspektakel dann schon vorüber.

Gegenüber dem Fischmarkt steht noch ein sehenswertes altes Handelshaus, das momentan aufwendig restauriert wird und angeblich in Zukunft ein Hotel beherbergen soll.

Wo einst der Strand war, führt seit 1972 die **Corniche** entlang der Bucht vom Fischmarkt bis nach Masqat. An der Hafenfront stehen stattliche Häuser aus dem 19. Jh. mit reich verzierten Balkonen und Bogenfenstern, die abends sehr schön beleuchtet werden.

Die herrschaftlichen Handelshäuser schirmen das **Sur-al-Lawatiya-Viertel** gegen die Außenwelt ab. Schon seit gut 200 Jahren lebt hier die Gemeinschaft der Khodjas, eine schiitische Glaubensgruppe aus Pakistan, deren Mitglieder als tüchtige Händler gelten. Das prachtvolle Minarett ihrer **Moschee** ragt weithin sichtbar über den Dächern von Matrah auf. Besucher sind in diesem abgeschirmten Viertel nicht willkommen!

Stoffhändler im stimmungsvollen Suq von Matrah, einem der attraktivsten Suqs in den Golfstaaten

An Sur al-Lawatiya schließt sich der **Suq von Matrah** an. Ein großes Tor führt von der Corniche hinein in diese faszinierende Welt des Handels mit einer Vielzahl von Gewürzen, Duftstoffen, Textilien und Silberschmuck. Überall werden Weihrauch oder feine Duftmischungen verbrannt. Verführerisch steigen die exotischen Wohlgerüche Arabiens in die Nase. Die lebhafte Menschenmenge aus Lastenträgern, Händlern, alten Männern, spielenden Kindern, feilschenden Kunden, in bunte Kleider gehüllten Frauen oder in schwarze Tücher gekleideten Beduinenfrauen stimmt auf das Schönste auf die weitere Reise durch Oman ein.

Restaurants

■ Am Eingang zum Suq gibt es mittlerweile mehrere Restaurants, die zwar auch Sandwiches anbieten, hauptsächlich aber wegen der frisch gepressten Säfte aufgesucht werden.

■ Gute indische Küche genießt man mit Blick auf den Hafen im Sai Seas Al Rafee Restaurant, rechts neben dem Eingang zum Suq, Tel. 24 71 39 49. ●●

1 **Große Moschee** 3

Im Bezirk Al-Azaiba steht die 2001 eröffnete größte Moschee des Sultanats – sie bietet 20 000 Gläubigen Platz. Vormittags ist sie auch für Nicht-Muslime geöffnet. Zu sehen sind eine gelungene Sandsteinarchitektur, die Stilelemente verschiedener Kulturen harmonisch miteinander vereint, ein acht Meter hoher Kronleuchter und ein riesiger handgeknüpfter Teppich, an dem etwa 600 Frauen vier Jahre lang gearbeitet haben.

Die Tür zum Minarett rechts des Eingangs ist manchmal geöffnet, von oben hat man einen schönen Blick über die Anlage (Sa–Do 8–11 Uhr, Eintritt frei; Frauen müssen ein Kopftuch tragen; mit T-Shirt, kurzer Hose bzw. kurzem Rock kein Einlass).

Al-Khuwair 4

Neben Ministerien und Botschaften hat dieser Stadtteil auch das *Naturhistorische Museum zu bieten. Seine Sammlung gibt einen Überblick über Fauna und Flora des Sultanats. Ausgestellt

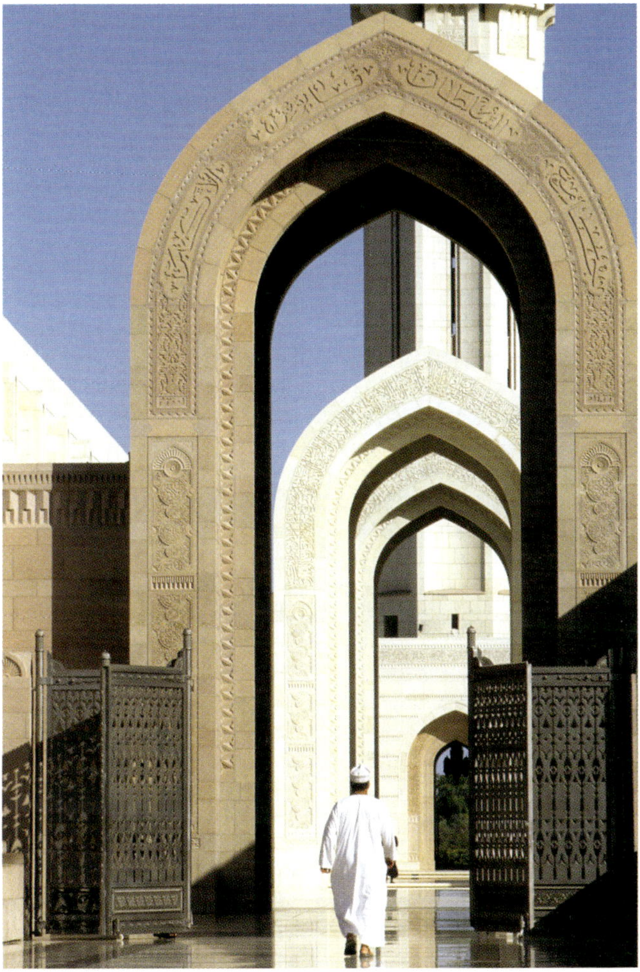

Die Große Moschee in Al-Azaiba

sind u.a. ausgestopfte Tiere wie Oryx-Antilope und Caracal-Lux. In einem Nebengebäude hängt das Skelett eines Pottwals. Um das Museum herum wurde eine botanische Sammlung angelegt, u.a. mit einem Weihrauchbaum (Sa bis Mi 8–13.30, Do 9–13 Uhr).

Direkt nebenan zeigt das **Faisal bin Ali Al Said Museum** in einer luftig-offenen Halle Waffen und prähistorische Funde. Interessant sind vor allem die alten Schwarz-Weiß-Fotos der Festungen Omans vor ihrer Restauration. Sie vermitteln einen Eindruck vom einfachen Leben vor der omanischen Renaissance (Sa–Mi 8–14 Uhr).

Auf der anderen Seite der Sultan-Qaboos-Straße liegt die kleine **Eislaufhalle**. Sie ist zwar etwas in die Jahre gekommen, aber vor allem Kinder haben hier ihren Spaß. Schlittschuhe können ausgeliehen werden (tgl. 9–22 Uhr).

Direkt neben der Eislaufhalle erhebt sich, von einem kleinen Garten umgeben, die schöne **Moschee von Al-Khuwair,** deren Außenwände mit Suren aus dem Koran verziert sind. Sie wurde von einem Mitglied der wohlhabenden Zawawi-Familie erbaut.

Etwas abseits liegt die **Said-bin-Taimur-Moschee,** vom Staat errichtet und aus zwei Gründen ungewöhnlich. Zum einen ist sie das erste öffentliche Gebäude, das nach dem ungeliebten Vater von Sultan Qaboos benannt wurde, der das Land mit eiserner Hand von der Außenwelt abgeschirmt hatte; zum anderen besticht sie mit ihren eigenwilligen Kuppeln

und schlanken Minaretten, osmanisch inspirierten Bauelementen, die im Oman sonst nirgends zu finden sind.

Madinat Sultan Qaboos 5

Auf den Hügeln rechts des Sultan Qaboos Highway liegt dieses Wohnviertel, seiner Lage wegen eine der teureren Gegenden. Neben den noblen, von bunter Blumenpracht umgebenen Villen verdienen hier eine Moschee und zwei Museen Aufmerksamkeit.

Direkt an der Hauptstraße steht in einer Gartenanlage die **Zawawi-Moschee** mit ihrer Uhr › S. 48. Wie die Moschee in Al-Khuwair wurde sie von einem Mitglied der Zawawi-Familie erbaut, das sie seiner Frau widmete.

Das **Bait Adam Museum** ist in einem Wohnhaus untergebracht, dessen Besitzer sehr lebendig aus der Vergangenheit zu erzählen weiß. Er hat aus seiner privaten Sammlung eine Ausstellung historischer Münzen, Briefmarken, Karten und Fotografien zusammengestellt. Für Gruppen wird nach Voranmeldung ein omanisches Abendessen vorbereitet (Sa bis Do 9–13, 16–19 Uhr).

Auf einem Hügel neben dem Informationsministerium informiert das neu gestaltete **Oman Museum** über die Landesgeschichte von der Prähistorie bis zur Gegenwart. Von hier bietet sich ein toller Blick zur Küste (Sa bis Mi 8–13.30, Do 16–18 Uhr).

Beim Masqat City Festival ist eine Menge los

Qurum 6

Qurum bedeutet »Mangrove« – der Name geht zurück auf das **Naturschutzgebiet** am Meer, wo viele dieser Salzwasserbäume in den Ausläufern des Wadi Adai gedeihen. Qurum ist ein modernes, zugleich aber uraltes Siedlungsgebiet: Auf der Landzunge **Ras al-Hamra** entdeckte man prähistorische Halden, die Siedlungsreste aus der Zeit von 3500 bis 2800 v.Chr. sowie Muschelfragmente, Knochen und Asche enthielten.

Shati al-Qurum (*shati* = Strand) hat sich zu einem beliebten Freizeitziel entwickelt. Neben einer Strandpromenade mit Cafés gibt es ein Kino, einen Billardsalon und Restaurants. In diesem Viertel befinden sich die meisten Hotels, viele direkt am Strand. Nicht weit vom Interconti lässt Sultan Qaboos derzeit die **Konzerthalle** für sein Royal Oman Symphony Orchestra bauen.

Der **Qurum Natural Park** grenzt an das Naturschutzgebiet. Vor allem an Wochenenden und Feiertagen kommen viele Familien hierher, es gibt Karussells, ein kleines Theater und Ruderboote, mit denen man auf einem See paddeln kann (Sa–Mi 16–23, Do, Fr 9–24 Uhr). Im Frühjahr findet vor dieser dann hell erleuchteten Kulisse das Masqat City Festival statt ❯ S. 40.

Eine weitere Attraktion für Familien ist das **Children's Museum,** das in zwei halbkugelförmigen Hallen untergebracht ist. Nicht nur Kinder können hier anhand von Versuchsaufbauten etwas über physikalische Gesetze lernen. Auf Knopfdruck erwärmt z.B. eine Flamme die Luft in einem Ballon, der dann zur Decke schwebt (Sa–Do 9.30–13.30 Uhr).

Das **Museum der omanischen Erdölgesellschaft PDO** (Petrol Development Oman) informiert mit Tafeln und Modellen über das

Die Dhau »Sindbad«

schwarze Gold, von der Suche nach Erdölquellen bis zum Verkauf des begehrten Rohstoffs (Sa bis Mi 7–12, 13–15.45, Do 8 bis 12 Uhr). Im Nachbargebäude, das wie ein Festungsturm aussieht, ist das **Planetarium** untergebracht. Vorführungen nach Anmeldung abwechselnd in arabischer und englischer Sprache (Sa–Mi 7–16, Do 8–12 Uhr, Tel. 24 67 55 42).

Buchten am Golf von Oman

Verlässt man Masqat in Richtung des Al-Bustan-Hotels, passiert man mehrere Buchten, die einen schönen Blick auf das Meer freigeben. Zunächst kommt man durch den Fischerort **Sidab**, an dessen Strand moderne Fiberglasboote liegen. In der nächsten größeren Bucht befindet sich derzeit ein Jachthafen, der nur für Mitglieder zugänglich ist. Angeblich soll hier ein Badehotel entstehen.

In der darauffolgenden Bucht liegt **Marina Bandar Rawdah 7**,

ein öffentlicher Jachthafen. Von hier starten die Hochseeangeltouren und die Ausflüge mit einer alten Dhau, die auch in den alten Hafen Masqats fährt. In dem Gebäude mit dem gewellten Dach sind das Institut für Meeresforschung und ein Aquarium, das 2007 umfassend renoviert wurde, untergebracht. Hier lässt sich die faszinierende Unterwasserwelt Omans bewundern, darunter auch seltene Meeresschildkröten (Sa–Mi 8–14.30, Do 8–13, Fr 15 bis 19 Uhr, Eintritt frei).

Über eine Kuppe geht es dann hinab in die Bucht des **Al-Bustan-Hotels 8**. Auf dem Kreisverkehr vor der Luxusherberge liegt eine Dhau namens »Sindbad«. Sie ist ein originalgetreuer Nachbau jener historischen Schiffe, mit denen die Omanis lange vor Einführung des Eisennagels die Seewege nach Indien befuhren. Ein irischer Seemann baute die »Sindbad« 1980 und segelte auf ihr mit einer 20-köpfigen Besatzung bis nach China.

Vom Kreisverkehr führt die Straße auf einen Berg zu, dahinter liegt die Zufahrt zu mehreren Buchten. In einer davon breitet sich der Fischerort Qantab aus, nebenan liegt die **Badebucht von Barr al-Jissah**. Dort verkauft ein Kiosk Tee und Sandwiches, Fischer bieten Motorbootausflüge entlang der Küste an.

In einer weiteren Bucht findet sich das **Oman Dive Center.** Über den Buchten thront die große Hotelanlage Shangri-La, die aus insgesamt drei Luxusherbergen besteht. Auch für Nicht-Hotelgäste offen ist das **Omani Heritage Village** auf dem Gelände, wo man Hennamalerinnen und Silberschmieden über die Schulter schauen kann.

Ruwi 9

Ruwi ist das lebendige Herz der Capital Area. Bis 1970 herrschte hier gähnende Leere, abgesehen von der alten Festung Bail al-Falaj und einer staubigen Flughafenpiste. Heute kennt man Ruwi unter dem Namen CBD – Central Business District. In dem lebhaften Geschäftsbezirk sind Niederlassungen von Fluglinien, Banken und Konzernen ansässig. Entlang der Ruwi Suq Street drängen sich die Geschäfte des **Basars,** des größten Einzelhandelszentrums der Stadt, wo es vor allem Elektronik- und Fotoartikel sowie Schmuck zu kaufen gibt. Gegenüber befinden sich ein Taxistand und der Busbahnhof der staatlichen Busgesellschaft ONTC, von dem die Busse ins ganze Sultanat starten.

In einigen mit bemalten Decken und geschnitzten Türen geschmückten Räumen der alten **Festung Bait al-Falaj** zeigen die Sammlungen des ***Militärhistorischen Museums** (Sultans Armed Forces Museum) nicht nur einen Querschnitt durch die Militärgeschichte des Landes – im Erdgeschoss ist außerdem eine interessante Ausstellung über den **Islam in Oman** zu sehen (Sa–Do 8–13.30 Uhr).

Flohmarkt im Wadi Kabir 10

Im Wadi Kabir findet jeden Freitagvormittag ein großer Flohmarkt statt. Angeboten wird so ziemlich alles, von der Haarspange bis zum Gebrauchtwagen, aber auch ohne Kaufabsicht macht ein Besuch Spaß. Während des Fastenmonats Ramadan wird der Flohmarkt auf den Abend verschoben.

Ausflug nach Yiti und Al-Sifah

Besonders empfehlenswert ist es, diesen Ausflug beim Kreisverkehr von Al Hamriyah in Ruwi zu starten: Hier beginnt eine ca. 20 km lange Straße, die sich hinter dem letzten Haus zunächst in die Höhe windet, dann durch die majestätische Bergwelt und schließlich an wunderbaren Buchten entlang zur Küste führt.

Bei Yiti selbst entsteht derzeit eine große touristische Anlage mit Hafen und Hotels, finanziert von Scheich Maktoum aus Dubai. Die neue Zufahrtsstraße beginnt bei den Shangri-La Hotels in Barr al-Jissah.

Schon vor Yiti zweigen immer wieder Straßen nach links ab, die zu kleinen Buchten führen. Diese sind bewohnt und daher nicht zum Baden geeignet, aber dafür landschaftlich sehr reizvoll. Hinter Yiti geht es noch weiter zum **Badestrand von Al-Sifah.**

Hotels

■ **Shangri-La's Barr al-Jissah Resort & Spa**
Tel. 24 77 66 66
www.shangri-la.com
Nicht nur ein Hotel der Luxuskategorie, sondern gleich drei: Al-Waha (Oase), Al-Bandar (Bucht) und Al-Husn (Palast) läuten eine neue Ära der Hotellerie in Oman ein. ●●●

■ **Al-Bustan Palace**
Tel. 24 79 96 66
www.ichotelsgroup.com
Echt gut! **Orientalischer Märchenpalast an einer malerischen Bucht,** gerahmt von schwarzen Felsen. Imposante, mehrere Stockwerke hohe Lobby. ●●●

■ **Grand Hyatt Regency**
Al-Khuwair
Tel. 24 60 28 88
www.muscat.grand.hyatt.com
Bombastisch-luxuriöses Interieur, das Stilelemente aus Jemen und Oman vereint. Mehrere Restaurants, Bar, Nachtclub. ●●●

■ **The Chedi Muscat**
Nord-Ghubra, Weg 3215
Tel. 24 50 50 35
www.ghmhotels.com
First-Class-Hotel in einer Gartenanlage mit Privatstrand. Sehr geschmackvoll eingerichtete Zimmer mit Blick aufs Meer oder auf die Berge. ●●●

■ **Radisson Blu Hotel**
Al-Khuwair
Tel. 24 48 77 77
www.radissonblu.com/hotel-muscat
156 modern ausgestattete Zimmer, Fitnesscenter und Pool. ●●

■ **Mina Hotel**
Matrah Corniche
Tel. 24 71 18 28][Fax 24 71 49 81
Einfaches Hotel in unmittelbarer Nähe des Fischmarkts und des Suq. ●

Restaurants

■ **Al-Marjan**
im Al-Bustan Palace Hotel
Tel. 24 79 96 66
Französische und internationale Küche; exquisite Weinkarte. ●●●

■ **Mumtaz Mahal**
Qurum
Tel. 24 56 38 50
Indische Küche vom Feinsten; im Hintergrund rauscht ein Wasserfall. ●●●

■ **Pavo Real**
Madinat Sultan Qaboos
Tel. 24 60 26 03
Mexikaner mit Livemusik, manchmal sehr laut, aber gutes Essen. ●●●

■ **Blue Marlin**
Jachthafen Marina Bandar Rawdah
Tel. 24 73 72 86
Mediterran geprägte Fischgerichte. ●●

■ **Kargeen**
Madinat as-Sultan Qaboos
Tel. 24 69 22 69
Eines der wenigen Restaurants, wo man schön im Freien sitzen kann. ●●

■ **Woodlands**
Ruwi
Tel. 24 70 01 92
Indische Küche, eines der raren Stadtrestaurants mit Alkoholausschank. ●●

Shopping

■ Im Stadtteil Qurum bieten Einkaufszentren wie SABCO oder Capital Commercial Center (CCC) gute Shoppingmöglichkeiten. Hier finden sich auch Cafés, Fotogeschäfte, ein Internetcafé und Supermärkte (Sa–Do 9–13, Fr 16–21 Uhr).

■ Stadtauswärts 3 km hinter dem Flughafen gelegen, umfasst das Muscat City Centre 150 Geschäfte, einen Carrefour-Supermarkt und mehr als 20 Restaurants und Cafés.

Nordoman

Nicht verpassen!

- Einen Sonnenuntergang in den Dünen der Wahiba-Wüste
- Einen Blick in den »Grand Canyon« Omans vom Jebel Shams
- Einen Spaziergang im üppig grünen Wadi Shab
- Die Rosenblüte auf dem Jebel Akhdar (März/April)
- Einen Bummel über den traditionellen Frauenmarkt von Ibra
- Die Deckenmalereien in Omans schönster Festung Jabrin

Zur Orientierung

Der Norden Omans ist die abwechslungsreichste und deshalb am meisten bereiste Region des Sultanats. Sie bietet für jeden Geschmack den passenden Urlaub: Badegäste finden entlang der Batinah-Küste Sandstrände und Hotels zum Entspannen. Naturliebhaber besuchen das Schutzgebiet der Schildkröten. Aktivtouristen nutzen das Wassersportangebot der Hotels, unternehmen mehrtägige Trekkingreisen durch die Berge oder reiten auf einem Kamel in die Wahiba-Wüste.

Im Landesinneren erlebt man noch die archaische Schlichtheit des alten Oman. »Grüner Berg« heißt der Jebel Akhdar übersetzt, denn auf seinem Plateau wachsen Walnussbäume, Rosensträucher und sogar Palmen. Von der rauen Gebirgswelt aus regierten die Imame der Ibaditen das Land – bisweilen auch gegen den Sultan. Zeugen dieser Konflikte sind imposante Festungsanlagen wie in Nizwa, Bahla und Jabrin.

Bis vor wenigen Jahren gab es für den normalen Pkw-Verkehr keine Zugangswege von der Batinah-Küste in das Landesinnere. Das hat sich geändert, so sind z.B. das Wadi Bani Ghafir nahe Rostaq oder auch das Wadi Hibi nahe Sohar inzwischen asphaltiert. Unternehmungslustige können – mittlerweile auch ohne Geländewagen – schroffe Berge, grüne Wadis und idyllische Küsten erkunden, erfahrene Off-Road-Fahrer erklimmen staubige Bergpisten, fahren durchs östliche Hajar-Gebirge oder durchqueren die Wahiba-Wüste.

Auf den regelmäßig stattfindenden Wochenmärkten, z.B. in Nizwa, Bahla oder Sanaw, verkaufen Beduinen und Bergbewohner in einem sehr lebendigen Gewusel aus Ziegen, Rindern und Kamelen ihr Vieh.

! Bei Tagesausflügen von den Strandhotels Masqats aus muss man bedenken, dass von ca. 10 bis 15 Uhr die Sonneneinstrahlung sehr stark ist – das beste Fotolicht herrscht in den frühen Morgenstunden bzw. am Nachmittag. Die Sonne geht gegen 6 Uhr auf und bereits gegen 18 Uhr verabschiedet sie sich wieder, eine Dämmerung gibt es fast nicht.

Touren in der Region

In die Batinah

6 Masqat › Barka › Nakhl › Ain Thowarah › Rostaq › Al-Hazm › Masqat

Dauer: 1 Tag
Länge: 280 km
Praktische Hinweise: Der Ausflug wird von Agenturen in Masqat angeboten, lässt sich aber auch individuell mit dem

Mietwagen machen, da alle Ziele gut ausgeschildert sind. Unterwegs gibt es genügend Restaurants für eine Mittagspause.

Zur Erkundung der fruchtbaren Batinah-Ebene besucht man zunächst den Fischmarkt am Strand von **Barka** › S. 69 und anschließend den schön restaurierten Herrschersitz Bait Na'aman. Dann geht es weiter zur imposanten Festung von *Nakhl › S. 71. Nach einem Stopp bei den Quellen von **Ain Thowarah › S. 72 besichtigt man noch die Burgen von *Rostaq › S. 72 und, sobald wieder geöffnet, **Al-Hazm › S. 72.

Ins Landesinnere

⑦ Masqat › Bahla › Jabrin › Al-Hamra › Misfah › Nizwa › Fanja › Masqat

Dauer: 2 Tage
Länge: 450 km
Praktische Hinweise: Am Freitag findet der große Viehmarkt in Nizwa statt, dessen Besuch auch Agenturen anbieten; starten Sie diese Tour idealerweise am Donnerstag und übernachten Sie in Nizwa, dann sind Sie noch vor den Reisegruppen aus Masqat auf dem Markt. Freitags sind alle Restaurants von 11.30 bis 12.30 Uhr wegen des Mittagsgebets geschlossen!

Die örtlichen Agenturen bieten zwar freitags einen Tagesausflug in die Gegend um Nizwa an, aber dann bleibt wegen der kürzeren Öffnungszeiten und des Mittagsgebets wenig Zeit. Sehr viel entspannter ist ein zweitägiger Ausflug, den Sie mit einem frühen Aufbruch am Donnerstag beginnen sollten, um rechtzeitig in der Töpferoase **Bahla › S. 76 zu sein. Denn dann findet dort ebenfalls ein Tiermarkt statt, kleiner als der von Nizwa, aber dennoch sehenswert. Anschließend ist Zeit für einen Besuch in den Töpfereien, die Sie zu Fuß erreichen.

Nur 11 km hinter Bahla steht die reich verzierte Festung von ***Jabrin › S. 75. Für die Mittagspause empfiehlt sich eines der schönsten Museen des Landes, das **Bait al-Safah › S. 79 in der Oase Al-Hamra (Voranmeldung für Mittagessen Tel. 99 01 03 73), das in einem traditionellen Lehmhaus untergebracht ist.

Danach können Sie sich auf eine der attraktivsten Bergoasen Omans freuen. Denn die Häuser von **Misfah › S. 79 schmiegen sich an die steilen Felsen und sind umgeben von Terrassenfeldern mit Palmenhainen. Am frühen Abend liegt eine entspannte Ruhe über dem Suq von **Nizwa › S. 76, die Geschäfte sind geöffnet, und es findet der Fischmarkt statt. Am nächsten Morgen sind Sie vor den Reisebussen auf dem Tiermarkt, können bei den Silberschmieden nach Schmuckstücken stöbern und auf dem Weg nach Masqat noch *Birkat al-Mauz › S. 80 besichtigen oder einen Spaziergang durch die Oase **Fanja** machen.

Wasser und Wüste

8 Masqat › Ibra › Wadi Bani Khalid › Sur › Wadi Tiwi/ Wadi Shab › Masqat

Länge: 500 km
Dauer: 2 Tage
Praktische Hinweise: Der Frauenmarkt in Ibra findet jeden Mittwoch statt.

Zur Erkundung der **Sharqiya-Region** startet man idealerweise mittwochs und fährt direkt nach **Ibra** › S. 82 zum Frauenmarkt. Dort deckt man sich mit Leckereien ein und genießt ein Picknick im ****Wadi Bani Khalid** › S. 84. Wenn Sie eine Übernachtung in der **Wahiba-Wüste** › S. 83 gebucht haben, stellen Sie Ihren Pkw an einem mit dem Camp- oder Hotelbetreiber vereinbarten Treffpunkt ab; dort werden Sie abge-

holt und mit dem Geländewagen in die Dünen gebracht. Ansonsten fahren Sie weiter nach **Sur** › S. 84. Dort lohnt es, früh aufzustehen, die Sonne über dem Meer aufgehen zu sehen und das Anlanden der Fische zu beobachten. Für die Reise entlang der Küste zurück nach Masqat empfiehlt sich ein Picknick unter den Palmen des **Wadi Tiwi** › S. 88 oder – noch besser – ****Wadi Shab** › S. 88.

6

In die Batinah Masqat › Barka › Nakhl › Ain Thowarah › Rostaq › Al-Hazm › Masqat

7

Ins Landesinnere Masqat › Bahla › Jabrin › al-Hamra › Misfah › Nizwa › Fanja › Masqat

8

Wasser und Wüste Masqat › Ibra › Wadi Bani Khalid › Sur › Wadi Tiwi/ Wadi Shab › Masqat

9

Pkw-Rundreise durch Nordoman Masqat › Barka › Nakhl › Ain Thowarah › Rostaq › Al-Hazm › Ras as-Suwadi/Sohar › Wadi Hibi › Ibri › Gräber von Bat › Nizwa › Manah › Adam › Bilad Bani Bu Ali › Bani Bu Hassan › Al-Ashkhara › Sur › Masqat

Pkw-Rundreise durch Nordoman

━9━ Masqat › Barka › Nakhl › Ain Thowarah › Rostaq › Al-Hazm › Ras as-Suwadi/ Sohar › Wadi Hibi › Ibri › Bienenkorbgräber von Bat › Nizwa › Manah › Adam › Bilad Bani Bu Ali › Bani Bu Hassan › Al-Ashkhara › Sur › Masqat

Dauer: 10 Tage
Praktische Hinweise: Die Tour ist für Pkw konzipiert. Wer auch Pistenabenteuer erleben will, braucht ein 4WD und mehr Zeit › S. 66. Die Hauptstraßen sind fast durchgehend beleuchtet. Die Tagesetappen sind bequem machbar; Hotels in den größeren Städten.

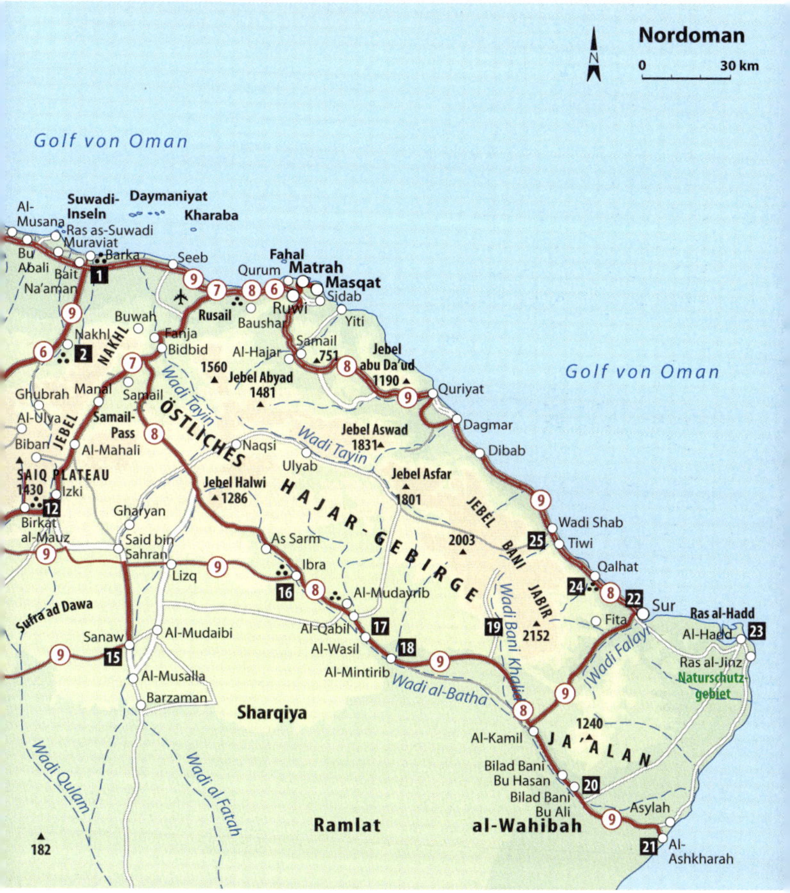

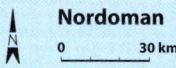

Special

Allrad-Abenteuer zwischen Wüste und Bergen

Bis vor wenigen Jahren war ein Geländewagen zwingend notwendig, um sich in Oman fortzubewegen. Heute sind die wichtigsten Verbindungswege asphaltiert. Doch es gibt noch etliche abenteuerliche Pisten durch grüne Bergtäler hinauf zu kargen Plateaus.

Musandam-Halbinsel

Man folgt ab Sohar der Küste durch die Emirate bis nach Dibba. Kurz dahinter liegt der Eingang in das **Wadi Khab Shamsi,** das Tal ohne Sonne. Es ist so schmal, seine steilen Felswände so hoch, dass die Sonne nur hineinscheint, wenn sie direkt über der Schlucht steht. Dann steigt die Piste steil an, und es eröffnet sich ein erster Blick auf die Gipfel Musandams.

Wer möchte, macht noch einen Abstecher in das **Wadi al-Bih,** bevor es auf gleicher Strecke wieder zurückgeht.

Im Hajar-Gebirge

Kurz vor Rostaq zweigt links eine Piste ab ins **Wadi Bani Awf,** welches dann ins **Wadi Sahtan** übergeht und hinter Rostaq wieder auf die Asphaltstraße trifft. Dies ist eine der schönsten und beliebtesten Off-Road-Strecken: Ab/bis Masqat wird sie von vielen lokalen Agenturen angeboten. Da fast ganzjährig Wasser in den Wadis ist, grünt und blüht es allerorten, und die kleinen Dörfer mit ihren Palmenoasen stehen vor einer grandiosen Bergkulisse.

Eine kurvige Bergpiste aus dem Wadi Bani Awf ermöglicht die

Überquerung des westlichen Hajar-Gebirges auf die Südseite. Ab der Passhöhe Sharfait al-Alamayn auf knapp 2000 m ist die Straße asphaltiert. Eine Sehenswürdigkeit an dieser Strecke ist die abgeschiedene Bergoase **Bilad Sayt**. Wenn der Weg nicht gerade vom Regen weggeschwemmt ist, kann man bei Ghul, am Fuß des Jebel Shams, rechts in die Schlucht des **Wadi Nakhr** abbiegen und die grandiose Landschaft auf sich wirken lassen.

Wüstentouren erfordern einiges an fahrerischem Geschick

Bei Ibra beginnt, durch das Wadi Naam, der **Weg über das östliche Hajar-Gebirge** an die Küste nahe Wadi Shab. Diese Strecke ist anspruchsvoll, die steile Piste windet sich über mehrere Haarnadelkurven die Berge hinauf. Neben großartigen Ausblicken über die Küste bestaunt man auch 5000 Jahre alte Grabtürme, von denen man nicht genau weiß, wer sie errichtet hat. Zwei der einst etwa 60 Türme wurden wieder aufgebaut. Ein unscheinbares, aber großes Loch im Boden markiert den Zugang zur (nicht zugänglichen) zweitgrößten Höhle der Welt, **Majlis al-Jinn**. Frei übersetzt bedeutet dieser Name »Versammlungsort der Geister«.

sollte man sich einen Guide nehmen und niemals mit nur einem Wagen losfahren!

Die letzten Kilometer führen über Sanddünen bis an die Küste, wo Wind und Salzwasser sogenanntes Aeolitgestein zu bizarren Formen gepresst hat. Kurz vor dem Meer trifft man auf die Küstenstraße. Biegt man in Richtung Südwesten ab, kann man bei Ebbe direkt am Strand entlangfahren, muss aber noch eine schwierige Dünenpassage meistern, bevor man schließlich bei Ras ar-Ruwais wieder festen Boden unter den Rädern hat.

Durch die Wahiba-Wüste

Ab **Mintirib** führt eine Piste durch die Wahiba gen Süden. Obwohl sie auch von den Beduinen genutzt wird,

Tipps zur Fahrpraxis

Ausreichende Erfahrung bei der Steuerung von Geländewagen ist absolute Voraussetzung für Allradtouren in Oman – die Strecken sind teilweise schwierig! Versierte Fahrer, die sich mit Navigation auskennen, können die Touren alleine unternehmen. Alle anderen schließen sich besser einer geführten Reise an – keine Angst, Ihren 4WD können Sie trotzdem selbst steuern.

Eine Fundgrube für Schmuckfans:
der Silbermarkt von Nizwa

Für den ersten Tag in der **Batinah** können Sie sich an der Tagestour »In die Batinah« orientieren ❯ S. 62, kehren aber abends nicht nach Masqat zurück, sondern übernachten entweder in einem Strandhotel bei **Ras as-Suwadi** ❯ S. 70 oder in der Heimatstadt Sindbad des Seefahrers, **Sohar** ❯ S. 73.

Nach einer morgendlichen Fahrt durch die Bergwelt des **Wadi Hibi** besucht man von **Ibri** ❯ S. 75 aus die prähistorischen ****Bienenkorbgräber von Bat** ❯ S. 75.

Für die Erkundung des **Landesinneren** gibt es verschiedene Kombinationsmöglichkeiten. Am entspanntesten ist es, ein oder zwei Nächte in **Nizwa** ❯ S. 76 zu verbringen, um dort den Silbermarkt zu besuchen und die Sehenswürdigkeiten der Umgebung zu besuchen.

Die Oasen ****Manah** ❯ S. 81 oder ****Adam** ❯ S. 81 plant man am besten für den Vor- oder Nachmittag ein. Letztere ist eine der größten Oasen mit gut erhaltener Lehmarchitektur.

Wer mit einer einfachen Unterkunft zufrieden ist, übernachtet am Mittwochabend in **Sanaw** ❯ S. 81, um hier am nächsten Morgen einen der ursprünglichsten Märkte ganz Omans zu erleben, zu dem viele Beduinen aus der südlich liegenden Geröllwüste Jiddat al-Harasis anreisen. Auf den überdachten Gehsteigen verkaufen die Frauen selbst gemachte Körpercremes und verschiedene Duftöle.

Nach der **Wahiba-Wüste** ❯ S. 83 und dem ****Wadi Bani Khalid** ❯ S. 84 sollte man sich auch noch Zeit nehmen für die schöne Moschee in **Bilad Bani Bu Ali** ❯ S. 84 oder für den Freitagsmarkt in **Bani Bu Hassan,** denn hier findet man sehr attraktive Fotomotive. Dazu gehört auch die Festung der Bani Bu Ali, die als eine der letzten Burgen des Sultanats nur teilweise restauriert ist und noch etwas von ihrem ursprünglichen Charme bewahren konnte.

Nach einer Nacht am Meer in der äußerst komfortablen Jugendherberge von **Al-Ashkhara** ❯ S. 84 besichtigt man **Sur** ❯ S. 84 und genießt anschließend die Küstenstrecke zurück nach Masqat, wo man sich noch für einige Entspannungstage in einem der komfortablen Strandhotels einquartieren kann.

Karte
Seite 64

Verkehrsmittel

Von der Hauptstadt Masqat aus lassen sich die Sehenswürdigkeiten und Oasenstädte im Landesinneren sehr gut in Tagesausflügen besuchen. Linienbusse des ONTC verbinden Masqat mit den Städten im Landesinneren, ebenfalls auf den Hauptverkehrswegen sind Sammeltaxen unterwegs. Viele Taxifahrer in Masqat bieten ihre Dienste für Tagesausflüge an, einige kennen sich ganz gut aus und können ein bisschen erzählen. Lokale Reiseagenturen offerieren Tagesausflüge in die Städte, Berge oder Wüste. Mietwagen mit oder ohne Allrad können auch tageweise gebucht werden.

Unterwegs in Nordoman

Batinah-Ebene

Westlich von Masqat breitet sich zwischen der Küste und dem westlichen Hajar-Gebirge die offen zugängliche, äußerst fruchtbare Batinah-Ebene aus. Sie ist das landwirtschaftliche Zentrum Omans, denn das ablaufende Regenwasser aus den Bergen sorgt für ausreichend Grundwasser. Angebaut werden u.a. Bananen, Gurken, Kohl, Papayas, Auberginen, Tomaten und Pepperoni. Wichtigstes Erzeugnis ist jedoch die Dattel. Da die Ebene in der Vergangenheit Angriffen von der See her schutzlos ausgeliefert war, errichtete man für die Bevölkerung zahlreiche Fluchtburgen, die heute rechts und links der Hauptstraße zu sehen sind.

Barka ❶

Barka ist der erste größere Ort an der Batinah-Küste, und gleich aus mehreren Gründen sollte man ihn nicht links liegen lassen. Die große **Festung** erhebt sich direkt am Meer, in ihrem Schatten liegt der lokale Obst- und Gemüsemarkt. In den frühen Morgenstunden kommen die Fischer von ihren Nachtfahrten auf dem Meer zurück und verkaufen noch am Strand ihren Fang – wenn man Glück hat, ein recht lebhaftes Spektakel.

Durch die ***Bullenkämpfe,** die meist am Freitag stattfinden, erlangte der Ort in den letzten Jahren Popularität. Dabei messen zwei Bullen Kopf an Kopf ihre Stärke, umringt von einem aufgeregten Publikum. Bisweilen kann es genauso interessant sein, die Menschen zu beobachten wie das – übrigens vollkommen unblutige – Kräftemessen der Tiere.

Etwas westlich des Ortskerns ragt das ****Bait Na'aman** über den Palmenwipfeln hervor. Es sieht aus wie eine schlecht proportionierte Festung – zu hoch, zu schmal. Doch Bait Na'aman diente auch nicht als wehrhafte

Residenz wie etwa Nizwa oder Bahla. Vielmehr errichteten es die Herrscher der Al-Ya'aruba-Dynastie im 17. Jh. als luxuriöse Raststation auf ihrem Weg vom Landesinneren an die Küste. Liebevoll restaurierte man alle Räume sowie den ehemaligen Bewässerungskanal. Vom Dach hat man einen schönen Blick über die ausgedehnten Palmengärten der Umgebung (Sa–Do 9–13, 16–18, Fr nur 9–11 Uhr, Eintritt frei).

Neben der Landwirtschaft genießen die **Rennkamele** der Batinah über die Landesgrenzen hinaus einen sehr guten Ruf. In der Nähe von Barka befinden sich einige Zuchtfarmen, deren Besitzer den Besuchern voller Stolz von ihren Lieblingen und deren Erfolgen erzählen.

Die Zukunft hat viel vor mit der Landschaft rund um Barka. Dort, wo sich die kleine Landzunge von **Ras as-Suwadi CT** ins Meer schiebt, entsteht **Madinat az-Zarka,** die »blaue Stadt«. Ein Megaprojekt: Wie der Name schon verspricht, entwickelt sich hier eine neue Stadt mit Jachthafen, mehreren Luxushotels, Naturschutzgebiet, Supermärkten, Einkaufszentren und luxuriösen Wohneinheiten sowohl für die einheimische Bevölkerung als auch für ausländische Investoren. Innerhalb der nächsten zehn bis zwölf Jahre soll Madinat az-Zarka fertiggestellt werden.

In das Projekt integriert ist auch das schon bestehende Sawadi Beach Resort mit seinem langen Sandstrand, ideal für einen Spaziergang. Das Hotel bietet empfehlenswerte **Motorbootausflüge** zu den vor der Küste gelegenen **Daymaniyat-Inseln** an. Zwar darf man sie nicht betreten, denn sie stehen wegen der vielen Seevögel, die dort ihre Brutplätze haben, unter strengem Naturschutz, aber die etwa zweistündige Bootsfahrt ist ein Erlebnis. Näher liegen die **Suwadi-Inseln,** zu denen man mit einem der örtlichen Fischer übersetzen kann.

Echt gut!

Historisch und landschaftlich interessant ist eine Fahrt entlang der westlichen Hajar-Berge – historisch aufgrund der drei sehenswerten Festungen von Nakhl, Rostaq und Al-Hazm, jede mit ihrem eigenen Charme und Besonderheiten; landschaftlich wegen der bizarren Schönheit steil in den Himmel ragender kahler Gipfel, kleiner grüner Oasen am Straßenrand und schroff zerklüfteter rotbrauner Hügel.

Hotels

■ **Al Nahda Resort & Spa**
Barka
Tel. 26 88 37 10
www.alnahdaresort.com
Wer nicht unbedingt am Strand residieren muss, ist in dieser luxuriösen und kinderfreundlichen Wellness-Oase mehr als gut aufgehoben. Grandiose palmenbeschattete Poolanlage im gepflegten Garten. ●●●

■ **Al-Sawadi Beach Resort**
Barka
Tel. 26 79 55 45
www.alsawadibeach.com
Kleine Bungalows am Strand mit Blick aufs Meer oder in den schönen Garten;

Stilisierte florale Ornamente an der Tür eines Hauses in Ras as-Suwadi

auch Unterkunft in fest installierten Zelten möglich; breites Angebot an Wassersportmöglichkeiten. ●●

Shopping

Kurz vor dem Kreisverkehr in Barka liegt rechts der Straße die **Barka Sweet Factory,** in der die besten Sorten von Omans traditioneller Süßspeise Halwa hergestellt werden. Man kann probieren und kleine Schälchen kaufen. Da Halwa lange haltbar ist, ein gutes Mitbringsel!

*Nakhl 2

Die verwinkelte **Festung** von Nakhl steht auf einem besonderen Gestein. Die Berge rundherum sind graubraun, der Fels, auf dem die Burg thront, jedoch fast weiß.

71

Die Burg von Nakhl vor der imposanten Kulisse des Hajar-Gebirges

Es handelt sich um »oman exotics«, jene Kalkablagerungen, die zusammen mit der ozeanischen Kruste vor etwa 60 Mio. Jahren an Land geschoben wurden.

Der schmale, lang gestreckte Bau zeichnet sich durch zahllose Vorsprünge aus und zählt zu den größten in Oman (Sa–Do 9–13, 16–18, Fr nur 9–11 Uhr).

Die zweite Attraktion des Ortes sind die heißen **Quellen von Ain Thowarah.** Hinter der Festung windet sich eine schmale Straße durch schattige Palmenhaine nach Ain Thowarah – das antike *falaj*-System zur Bewässerung ist hier sehr gut zu erkennen. An den Wochenenden ist viel Betrieb, dann kommen auch die Einwohner von Masqat hierher, und es wird gegrillt, getanzt oder musiziert. Sonst ist es aber schön ruhig, und bei einem Tee oder Sandwich aus dem kleinen Restaurant lässt es sich hervorragend entspannen.

*Rostaq 3

Rostaq ist der größte Ort der Region, umgeben von Palmenhainen, aus deren Mitte die alte **Festung**, Qalat al-Qesra, emporragt (Sa–Do 9–13, 16–18, Fr nur 9–11 Uhr). Gemeinsam mit Al-Hazm zählt die Festung von Rostaq zum UNESCO-Welterbe.

Der Ort wurde schon früh besiedelt, denn von hier ließen sich die Zugänge ins Gebirge leicht kontrollieren. Bereits im 7. Jh. drangen die Perser bis hierher vor und errichteten eine erste befestigte Anlage. Auf deren Fundamenten bauten die Herrscher der Al-Ya'aruba-Dynastie im 17. und 18. Jh. die heutige Burg. Zu jener Zeit war Rostaq politisches und religiöses Zentrum. Auch der Begründer der heute noch regierenden Al-Bu-Said-Dynastie, Ahmed bin Said, nutzte Rostaq als Amtssitz und ließ sich dort bestatten.

Die Palmen von Rostaq liefern angeblich mit die besten Datteln, fünf *falaj* bewässern noch heute die riesigen Gärten.

Hotel

Al-Shimookh Tourist Resthouse
Tel 26 87 70 71
Nettes Personal, Zimmer einfach, aber sauber. ●

**Festung Al-Hazm 4

Eigentlich ist Al-Hazm eine Festung wie alle anderen – aber eben nur eigentlich. Ihr Erbauer, Sultan bin Saif II., dessen Name in das massive, äußerst beeindruckende Eingangstor geschnitzt ist, verschuldete sich für Al-Hazm angeblich bis über beide Ohren und soll sogar Gelder investiert haben, die ursprünglich für den Bau von Moscheen vorgesehen waren.

Al-Hazm ist eine der letzten großen Festungen, die in Oman gebaut wurden (1708). Sie war für ihre Zeit militärarchitektonisch sehr fortschrittlich. Zwei Kanonentürme genügten, um sie nach allen Seiten zu verteidigen, durch Röhren im Mauerwerk konnten Befehle aus den oberen in die unteren Räume gerufen werden. Die tragenden Säulen der Türme sind mit schönen Stuckaturen verziert – obwohl einer der unteren Räume als Gefängnis diente. Noch intakt ist der *falaj* im Innenhof, und wenn genügend Wasser fließt, plätschert es lieblich durch die massive Festungsanlage.

Die Festung ist derzeit leider wegen Renovierung geschlossen, ein Wiedereröffnungstermin steht noch nicht fest.

Sohar ▪5▪

Am nördlichen Ausläufer der Batinah liegt die alte Hafenstadt Sohar. Schon um 3000 v.Chr. spielte sie eine wichtige Rolle, als das Kupfer aus den nahen Minen von hier nach Mesopotamien verschifft wurde. Bis zu ihrer Zerstörung durch die Perser 971 war sie die größte Stadt Arabiens, das Tor zur Welt. Von hier liefen die Schiffe nach Afrika, Indien und ins weit entfernte chinesische Kanton aus. Kein Wunder, dass Sohar als Heimatstadt des legendären Kapitäns Sindbad der Seefahrer gilt.

Der Glanz der großen Zeit ist längst verblichen. Einen Besuch lohnt die *Festung aus dem 16. Jh., die auf den Fundamenten einer Anlage aus dem 13. Jh. errichtet wurde. Bemerkenswert ist der viereckige Turm – die meisten Befestigungstürme in Oman sind rund –, der ein umfassendes **Museum der Geschichte Omans** beherbergt (Sa–Mi 8–14 Uhr, Do, Fr 8–12, 16–18 Uhr).

Hotel

Sohar Beach Hotel
Sallan Road
Tel. 26 84 11 11
www.soharbeach.com
Strandhotel im Stil eines omanischen Forts mit 40 geräumigen Zimmern sowie luxuriösen Chalets. Schöner Gartenpool und Tennisplatz. ●●

Restaurants

■ **Sallan Coffee Shop**
im Sohar Beach Hotel
Gute Grillgerichte, vor allem die Meeresfrüchte sind zu empfehlen. Auf der Tageskarte stehen die besten Speisefische Omans, darunter Hammour (Makrelenart), Thunfisch oder Sharifisch (sehr gut, aber viele Gräten!). ●●●
■ **Omar al Khayyam**
im Zentrum von Sohar
Gute indische Küche. ●●

 ****Halbinsel Musandam**

Die Landschaft dieser omanischen Exklave an der Straße von Hormuz wird vom Hajar-Gebirge bestimmt: Nicht von ungefähr nennen die Omanis es auch *ruus al-jibaal*, Köpfe der Berge. Ebenso treffend ist der Begriff »Norwegen des Nahen Ostens«, denn ähnlich den Fjorden im hohen Norden Europas schneiden die Meeresbuchten hier tief in die Berge ein. In der Provinzhauptstadt Khasab gibt es mehrere Hotels. Die **ein- oder zweitägigen Bootstouren** (Übernachtung an Bord) in der Wunderwelt aus Bergen und Meer sind unbedingt zu empfehlen. Wer mehr Zeit hat, kann mit dem Segelboot »Monalisa« von Ras al-Khaimah bis Dibba um Musandam herumsegeln (Musandam Sea Adventure Tourism, Tel. 26 73 00 69, www.musandam-sea-adventure.com).

Echt gut!

Die schönsten Landschaften

■ Durch ein schmales Felsentor sind das **Wadi Bani Awf** und das **Wadi Sahtan** im Norden Omans miteinander verbunden – Auto stehen lassen, laufen und staunen! ❭ S. 66

■ Von unten erscheinen die Berge des **Jebel Akhdar** abweisend und öde, doch oben auf dem Saiq-Plateau entdeckt man eine erstaunliche Pflanzenvielfalt. ❭ S. 80

■ **Wadi Darbat** – bewaldete steile Berghänge bilden den Rahmen zu diesem schönsten Tal im Süden Omans mit grasenden Kamel- und Ziegenherden. ❭ S. 100

■ Karg und lebensfeindlich einerseits, wunderschön und märchenhaft andererseits – wer einmal in den Dünen des **Leeren Viertels** war, wird das Wüstenerlebnis nie mehr vergessen. ❭ S. 101

■ Klingt nach Karl May, gibt's aber wirklich: Das »Tal ohne Sonne«, **Wadi Khab Shamsi** im Norden der Emirate, ist toll zum Wandern. ❭ S. 66

Anreise

Die Einreise auf dem Landweg ist problemlos möglich, da man die nötigen Visa an der Grenze erhält. Ab Sohar sollte man sich für diesen 280 km langen Abstecher vier Tage Zeit nehmen. Oman Air bietet regelmäßig Flüge ab Masqat an. Zwischen Masqat und Khasab verkehrt eine Fähre, die demnächst auch Pkw transportieren soll. Nähere Informationen dazu unter www.nfcoman.com.

Hotels in Khasab

■ **Six Senses Hideaway Zighy Bay**
nördlich von Dibba
Tel. 26 73 58 88
www.sixsenses.com
In Naturstein errichtete Erholungsoase mit allem erdenklichen Komfort. Sehr exklusiv und elegant eingerichtete Zimmer. Wagemutige können sogar mit dem Paraglider (Tandemsprung) von den Bergen zur Rezeption schweben. ●●●

■ **Golden Tulip Resort**
an der Hauptstraße
Tel. 26 73 07 77
www.goldentulipkhasab.com
Zimmer mit schönem Blick in große Bucht, gutes Restaurant mit verschiedenen Buffets. ●●●

■ **Qada Hotel**
im alten Teil von Khasab
Tel. 26 73 16 64
Einfach, aber sauber. ●●

Im Jebel-Akhdar-Gebirge

Ibri 6

Der Ort ist Ausgangspunkt für den Besuch der Bienenkorbgräber von Bat. Ibri ist zwar ein Nest, aber wer schon mal da ist, kann über den kleinen **Markt** im Schatten der mächtigen Festung bummeln: Hier scheint die Zeit stehen geblieben zu sein. Angeboten werden die Notwendigkeiten des täglichen Lebens, deshalb sind vormittags viele Einheimische unterwegs.

Beduinenfrau mit der Gesichtsmaske, der »burqa«

Hotels

■ **Ibri Tourist Guest House**
am östlichen Ortseingang
Tel. 25 69 14 00][**Fax 25 69 15 54**
Einfach mit sauberen Zimmern. ●●
■ **Ibri Hotel**
10 km außerhalb Richtung Al-Ain
Tel. 25 68 99 55][**Fax 25 49 15 54**
Leider etwas abgewohnt, aber immer noch recht ordentlich. ●●

Bienenkorbgräber von Bat 7

Viel besucht werden diese 5000 Jahre alten Gräber, die auf der UNESCO-Liste des Weltkulturerbes stehen. Sie sind die Vorläufer der fein gearbeiteten Umm-an-Nar-Gräber ❯ S. 117 und erinnern in ihrer Struktur tatsächlich an Bienenkörbe. Auf einem umzäunten Platz finden sich die Fundamente eines massiven Rundturmes, dessen Funktion – Wachturm, Warenlager oder Nekropole – ungeklärt ist.

Sehr viel anschaulicher, weil besser erhalten, sind die 18 Gräber auf einem Bergrücken zu Füßen des Jebel Misht. Eine gute Schotterpiste führt von Bat geradeaus weiter, nach 23 km biegen Sie links ab, und nach weiteren 7 km sieht man links die Gräber.

3 *****Jabrin** 8

Keine andere Festung hat so wundervolle Verzierungen wie die von Jabrin, denn ihr Erbauer, Bilarab bin Sultan Al-Ya'aruba, war den Künsten sehr zugetan. Zu einer Zeit, da die Menschen noch in einfachen Lehmhäusern wohnten, ließ er die eindrucksvollen Räume seines Wohnpalastes mit ornamentalen und floralen Deckenmalereien, Stuckaturen und Spitzbogenfenstern ausstatten. Angeblich war er auch ein Förderer der Wissenschaften und versammelte Astronomen, Dichter und Rechtsgelehrte um sich. Diese Neigungen kosteten ihn schließlich Amt und Leben: Sein Bruder riss die Macht an sich und belagerte Bilarab in der Festung bis zu seinem Tod 1692. Im Erdgeschoss fand der Schöngeist seine letzte Ruhestätte (Sa–Do 9–13, 16–18, Fr 9–11 Uhr).

Bahla 9

Noch vor der Oase liegt links der Straße ein kleiner Berg mit einem Sendemast. Von oben hat man einen schönen Blick über die Oase

Wohnraum in der Festung Jabrin

samt Stadtmauer, Festung und Palmenhainen. Am Nachmittag ist das Licht am besten.

Die Burg **Hisn Tamah** stammt aus dem 17. Jh. und zählt zu den bedeutendsten Zeugnissen omanischer Lehmbaukunst, weshalb sie zum UNESCO-Weltkulturerbe gehört. Die Restaurierung der Anlage ist schon seit mehreren Jahren in Gange, wann sie öffentlich zugänglich gemacht wird, steht derzeit noch nicht fest.

Die alte **Stadtmauer** Bahlas ist mit 13 km die längste Omans – angeblich errichteten Geister sie in nur einer Nacht.

Weil es in der Nähe reiche Tonvorkommen gibt, gilt die Oase als Zentrum der **Töpferei**. Von den Familienbetrieben der Vergangenheit haben gerade mal zwei den Sprung in die Moderne überlebt. Vom Suq führt eine schmale Straße zu ihren Werkstätten, Besucher sind willkommen.

Jeden Donnerstag in der Früh findet im Suq der **Tiermarkt** statt: Ein lebendigeres Bild vom alten Leben findet man kaum. Die alten Krämer, Dattelverkäufer und Obsthändler sitzen in ihren Läden, und in einer kleinen Werkstatt ist der Kesselschmied fleißig am Werkeln.

Nizwa 10

Nizwa (65 000 Einw.) ist das religiöse Zentrum Omans: Hier traten die Julandi-Könige zum Islam über, lehrte man als erstes den Ibadismus › S. 37, fand die Wahl des ersten ibaditischen Imam statt. 1970 gab es Überlegungen,

Nizwa zur Landeshauptstadt zu machen. Daraus wurde zwar nichts, aber viele Omanis betrachten Nizwa zumindest als zweite Hauptstadt.

Beherrscht wird das Bild der geschichtsträchtigen Oase von der blau-goldenen Kuppel der **Sultan-Qaboos-Moschee** und dem danebenstehenden Festungsturm. Die strategisch gut gelegene **Festung** dominierte das umliegende Land und gilt zu Recht als großartiges Baudenkmal. Wichtigstes Element der um 1660 errichteten Anlage ist der Kanonenturm mit einem Durchmesser von rund 40 m und einer Höhe von 30 m. Eine enge, verwinkelte Stiege führt auf die Plattform, die wiederum von einer 9 m hohen Mauer umgeben ist. Von den Zinnen bietet sich ein grandioser Ausblick auf die Stadt, die Palmen und die Berge. Der Innenhof ist sehr schön gestaltet, mit Souvenirshop, kleinem Café und sauberen Toiletten. Neu ist das aufwendig eingerichtete **Museum**, das verschiedene Aspekte des täglichen Lebens äußerst anschaulich darstellt. Sehenswert! (Sa–Do 9–13, 16–18, Fr nur 9–11 Uhr)

Direkt an die Festung schließt sich der *Suq an, bekannt vor allem wegen seiner vielen Silberschmiede. Hier findet man die größte Auswahl an Ringen, Ketten, Amuletten oder Krummdolchen. Verkauft werden auch Töpferwaren aus Bahla und Rosenwasser; in einem Geschäft kann man sich sogar aus frischen Bohnen und Kardamom seine

Alter Brennofen in Bahla, dem omanischen Zentrum der Töpferei

ganz persönliche Kaffeemischung mahlen lassen. In den 1990er Jahren komplett restauriert, strahlt lediglich der East Suq, eine schmale Gasse im unteren Bereich, noch die Wärme und Behaglichkeit alter Tage aus.

4 Am Freitagmorgen strömen die Menschen aus der Umgebung zum **Viehmarkt** am Südende des Suqs. Bei dieser Gelegenheit wechselt nicht nur das Vieh seine Besitzer – auch Gewehre, Dolche und Munition werden feilgeboten.

Hotels

■ **Nizwa Hotel**
20 km östlich von Nizwa
Tel. 25 43 16 16
www.nizwahotel.net.
Geräumige, komfortable Zimmer; Poolbereich mit Liegestühlen. Billard, Nachtclub. ●●●

■ **Falaj Daris Hotel**
5 km südlich von Nizwa
Tel. 25 41 05 00
www.falajdarishotel.com

Die restaurierte Stadtmauer von Nizwa mit einem der drei Tore

Ruhige Hotelanlage mit 55 großen Zimmern und gutem Restaurant. ●●

■ **Al-Diyar Hotel**
4 km westlich von Nizwa
Tel 25 41 24 02
www.aldiyarhotel.com
Die Poolanlage ist etwas karg, dafür aber große Zimmer. Es wird ein einfaches Frühstück serviert. ●●

Restaurants

■ **Bin-Atique Restaurant**
in der Altstadt; aus Richtung Masqat kommend quert man den großen Parkplatz vor den Stadtmauern, am Ende des Parkplatzes die erste Straße rechts, dann nach 50 Metern auf der linken Seite
Tel. 25 41 04 66
Eines der wenigen Restaurants, das omanische Gerichte anbietet. Man sitzt auf dem Boden, genießt frische Säfte und zum Nachtisch arabischen Kaffee mit Datteln. ●●
■ Rund um die Festung bieten kleine Restaurants indische Küche an.

Ausflug in die Berge

Von einem der Hotels bei Nizwa aus lassen sich auf einem Tagesausflug der Jebel Shams, die Bergoase Misfah, das Museum Bait al Safah in Al-Hamra und die Hoota-Höhle erkunden.

Für den **Jebel Shams** ist nach wie vor ein Geländewagen nötig, denn es gibt noch ein 12 km langes Stück Piste in der Teerstraße zum Gipfel, wo zwei Übernachtungsmöglichkeiten warten. Belohnt wird die Fahrt auf 2000 m Höhe mit einem tollen Blick in den »Grand Canyon Omans«. So nennt man das Wadi Nakhr (›auch S. 67), weil seine Steilwände fast 1000 m hinabfallen. Es ist schmaler als sein amerikanischer Gegenpart, aber geologisch höchst interessant – die untersten Gesteinsschichten sind 600 Mio. Jahre alt. Die Wanderwege oben auf dem Plateau führen teilweise an den Steilhängen entlang.

Buch-Tipp In **Trekking Oman** (in allen größeren Buchläden Omans) sind u.a. auch diese Wanderungen beschrieben.

Eine asphaltierte Straße windet sich in die Berge hinauf. Lange war der verfallene Suq – neben den schattigen Palmenhainen – die einzige Sehenswürdigkeit der **Oase Al-Hamra.** Das änderte sich 2009, als Sulaiman Al Abri ein traditionelles Lehmhaus in das Museum ****Bait al-Safah** umwandelte. Nicht Vitrinen und Schautafeln sind hier zu bewundern, sondern der Alltag vergangener Tage. Frauen aus dem Dorf demonstrieren Besuchern die Prozedur der Kaffeezubereitung, des Brotbackens über offenem Feuer (im ersten Stock) oder die Gewinnung von Ölen und Essenzen. (Sa–Do 10–17 Uhr, Tel. 99 01 03 73.)

Weiter geht es zur Bergoase ****Misfah** 🔢 mit ihren am Steilhang angelegten Terrassenfeldern. Die Häuser, die höchst abenteuerlich auf den Felsen kleben, sind immer noch bewohnt. Auf dem Spaziergang durch die verwinkelten Gassen sollten Sie rücksichtsvoll mit Ihrer Kamera umgehen.

Unterkunft

Ahmed Al Abri aus Misfah machte aus einem der alten, aufwändig restaurierten und mit Etagenbädern ausgestatten Lehmhäuser das **Oman Guesthouse.** Auf der Dachterrasse mit Blick über Wipfel und Oase genießt man Frühstück, Abendessen – und die Stille **(Tel. 99 34 84 40).**

Die fast 5 km lange **Al-Hoota Cave** liegt gleich um die Ecke und ist die einzige touristisch erschlossene Karsthöhle des Sultanats. Der Rundgang dauert 40 Minuten, zu bestaunen sind mächtige Stalaktiten und ein unterirdischer See. Im Besucherzentrum findet man Souvenirladen, Restaurant und Coffeeshop, geplant ist ein Naturkundemuseum. Fotografieren und Filmen ist verboten (Sa bis Do 9–13, 14–17.15 Uhr, Fr 9–12, 14–17.15 Uhr, Mo geschl., Reservierung für Gruppen obligatorisch, www.alhootacave.com).

Camping

■ **Expeditions International**
Tel. 96 45 84 59
Expeditions International unterhält kurz vor dem Aussichtspunkt in den Canyon ein großzügiges Zeltcamp. Duschen und Restaurant sind vorhanden,

Lehmhäuser in der Altstadt von Birkat al-Mauz

Mühsame Arbeit: Terrassenfelder an den Steilhängen des Jebel Akhdar

der Campleiter ist auch Berg- und Kletterführer für die Umgebung. ●●

■ **Jebel Shams Resort**
Tel. 99 38 26 39
www.jabalshams.com
Nicht nur Zeltplatz, auch feste Bungalows und Restaurant. ●●

*Birkat al-Mauz ⑫

Die Oase liegt am Rande der jäh ansteigenden Felswände des Jebel Akhdar und war einst ein wichtiger Kontrollpunkt an der Strecke von und nach Nizwa. Davon zeugt noch die restaurierte **Festung Bait Rudaidah** am westlichen Ortsausgang.

**Jebel Akhdar

Hinter der Festung Bait Rudaidah beginnt das **Wadi Muaydin**. Kurz nach der Einfahrt in das Wadi führt rechts an seinen Steilhängen eine Asphaltstraße hinauf in **eine der großartigsten Bergregionen Omans,** den Jebel Akhdar. Immer wieder eröffnen sich fantastische Panoramablicke.

Einer der schönsten Aussichtspunkte über die Bergwelt nennt sich »Diana's Point«: Angeblich soll Lady Di an dieser Stelle mit Prinz Charles während einer Reise in den 1980er Jahren in einem großen Zelt zu Mittag gegessen haben. Außer ein paar Eisennägeln im Boden zeugt allerdings nichts von dieser Begebenheit.

Akhdar heißt auf Arabisch »grün«, und angesichts der blühenden Gärten zeigt sich schnell die Berechtigung dieses Namens. Besonders schön ist es hier zur Zeit der Rosenblüte (Ende März/ Anfang April). Auf 2000 m Höhe liegt das **Saiq-Plateau,** auf dem

Echt gut!

zwei Hotels gute Übernachtungsmöglichkeiten bieten.

In der schmalen Schlucht des
Wadi Bani Habib liegt versteckt
eine Ansammlung leer stehender
alter Steinhäuser. Hier fand Ende
der 1950er Jahre der Anführer des
Jebel-Akhdar-Aufstandes, Sulaiman bin Himyar, Unterschlupf.
Selbstbewusst nannte er sich auch
»Lord of the Jebel Akhdar«. Rei-
senden war der Zugang ohne Su-
laimans ausdrückliche Erlaubnis
unmöglich. Heute benötigen Besucher nur noch einen Geländewagen, denn normale Pkw lässt
der Militärposten am Fuß des Jebel Akhdar derzeit nicht passie-
ren, obwohl die Straße durchgehend asphaltiert ist.

Hotels

■ **Sahab Hotel**
derzeit nur über Arabia Felix
Tel. 0 89/30 77 92 00][www.oman.de
Tolles neues Hotel aus Naturstein in
dramatischer Lage am Steilhang.
Schöner Garten, Restaurant. ●●●
■ **Al Jebel Al-Akhdar Hotel**
Tel. 25 42 90 09][Fax 25 42 91 19
jakhotel@omantel.net.om
Kleine, hübsche Zimmer mit gutem
Komfort. ●●

Manah 13

Der kleine Ort galt während der
Zeit der Karawanen als eine der
wichtigsten Stationen auf der
Nord-Süd-Route. Dicht aneinan-
dergeschmiegt stehen die alten
zweistöckigen **Lehmhäuser,** die
jedoch alle verlassen sind. Das die
Regierung nicht nur die großen
Festungen als kulturelles Erbe be-
trachtet, sondern auch ausgesuchte normale Siedlungen für die
Nachwelt erhalten möchte, wird
hier deutlich. Denn Manah wird
derzeit als Freilichtmuseum wieder aufgebaut, wie lange dies dauert, ist allerdings noch nicht klar.

Adam 14

Adam ist die letzte Oase vor der
Schotterwüste Jiddat al-Harasis.
Hier hat die Dynastie der Al-Bu-
Said ihren Stammsitz. Bei einer
kurzen Besichtigung der alten
Quartiere lässt sich die Struktur
der Ortschaften gut nachvollzie-
hen. Die kleine **Moschee** wurde
nach der Überlieferung von einem Geist erbaut, um Streit unter
den Stämmen zu verhindern. In
der weitläufigen Oase, deren Par-
zellen eingetieft auf dem Niveau
der *falaj* (Bewässerungskanäle)
liegen, werden Datteln, Gemüse
und Bananen angebaut.

Hotel

Adam Guesthouse
Tel. 25 43 40 39
Notlösung für eine Nacht. ●

Die Sharqiya

Das Bild der östlichen Region
Omans wird von den Hajar-Ber-
gen und der Wahiba-Wüste ge-
prägt. Aber auch für ihre Strände
ist die Sharquiya bekannt.

Sanaw 15

Hier findet jeden Donnerstag ein
Viehmarkt ähnlich jenen in Bahla und Nizwa statt, allerdings werden hier auch **Kamele** verkauft.

In der Altstadt von Ibra

Die schönsten Märkte

■ Von Frauen für Frauen – das Herz des **Frauenmarktes von Ibra** ist nach wie vor für Männer tabu, doch das Treiben an den Ständen ringsherum ist für alle zugänglich. **>** S. 82

■ Beide sehr lebendig mit viel Lokalkolorit – der Beduinenmarkt in **Sanaw** **>** S. 81 findet am Donnerstag, der Tiermarkt in **Nizwa** **>** S. 77 am Freitag statt, jeweils am frühen Morgen.

■ Kein **Fischmarkt** im eigentlichen Sinn, aber erlebenswert: Morgens um 6 Uhr, wenn die Sonne aufgeht, werden an der Strandpromenade von Sur Rochen, (Hammer-)Haie, Schwert- oder Thunfische verkauft. **>** S. 84

■ Liebevoll restauriert und mit schönem Café mittendrin – so präsentiert sich der alte-neue **Suq al-Arsah** am Dhauhafen in Sharjah. **>** S. 149

■ Es duftet, es riecht, man schnuppert, schaut – Currys, Nelken, Zimt, Thymian, getrocknete Minze und der Safran so günstig. Wo? Auf dem **Gewürzmarkt** in Dubai! **>** S. 130

Man sollte früh dran sein, gegen zehn Uhr ist schon alles vorbei.

Hotel

Sanaw Tourist Resthouse
Tel. 25 57 40 56
Einfache Unterkunft. ●

Ibra 🔟

In der Stadt findet jeden Mittwoch der sog. **Frauenmarkt** statt, zu dessen ursprünglichem kleinen Areal Männer keinen Zutritt haben (von der Hauptstraße kommend auf der linken Seite neben der NBO-Bank). Doch aus dem Second-Hand-Verkauf von Frauen für Frauen hat sich ein Flohmarkt entwickelt, der allen offensteht. Hier wird allerdings auch viel Plastikneuware verkauft. Eine Straße gegenüber dem Frauenmarkt führt zum gleichzeitig stattfindenden **Wochenmarkt** mit Vieh- und Fischverkauf und zahlreichen Obstständen.

Schön und schmerzlich zugleich ist ein Spaziergang durch die heute verlassene Altstadt von **Al-Minzafah**. Umgeben von einer Mauer, durch die schmale Tore Einlass gewähren, führen enge Wege durch die mittlerweile leider vertrockneten Palmenhaine. Zerfallene Ruinen zeugen vom einstigen Wohlstand der Region.

Hotels

■ **Nahar Tourism Camp**
nördlich von Ibra, dem Abzweig ins Wadi Naam folgend nach ca. 5 km auf der rechten Seite
Tel. 99 38 76 54
emptyqtr@omantel.net.com

Gemütliches Camp mit klimatisierten Bungalows. Wenn genug Gäste da sind, wird shoowa, ein omanisches Feiertagsgericht zubereitet. ●●

■ **Al-Qabil-Motel**
zwischen Ibra und Al-Mintirib
Tel. 25 58 12 43
abelaom@omantel.net.om
Notlösung für eine Nacht. Restaurant mit Alkohollizenz. ●●

■ **Sharqiya Sands Hotel**
Tel. 99 20 51 12
moktil@rediffmail. com
Freundliches Hotel ca. 15 km südöstlich von Ibra. ●●

Schlittenfahren im Sand: Wahiba-Wüste

Restaurants

In Ibra gibt es mehrere günstige Restaurants entlang der Hauptstraße.

Wahiba-Wüste

Kurz hinter Ibra erheben sich rechts der Straße die Sanddünen der Wahiba. Sie ist zwar eine relativ kleine Wüste – die Ost-West-Ausdehnung beträgt nur 80 km, vom Norden bis an die Küste des Indischen Ozeans sind es 160 km. Dennoch fanden Wissenschaftler bei einer dreimonatigen Expedition 1985 heraus, dass die Wahiba in Flora und Fauna den großen Wüsten dieser Erde in nichts nachsteht. Die Lage am Meer beschert ihr so viel Feuchtigkeit – besonders in den frühen Morgenstunden ist alles nass vom Tau –, dass sogar vereinzelt Bäume und Gräser wachsen. Diese bieten seltenen Echsen und anderen Tieren einen Lebensraum.

In den nördlichen Dünentälern bei den Orten **Al-Wasil** 🔢 und **Mintirib** 🔢 sind in den letzten Jahren mehrere Touristencamps und sogar luxuriöse Hotels entstanden. Man braucht dafür keinen Geländewagen, sondern wird an der Teerstraße abgeholt und kann eine Nacht in der Wüste erleben.

Hotels

■ **Desert Nights Camp**
Tel. 92 81 83 88
www.desertnightscamp.com
Mitten in den Dünen übernachten – mit allem Komfort: Das Camp bietet luxuriöse Bungalows und ein eigenes Teleskop für Sternegucker. ●●●

Echt gut!

■ **Nomadic Desert Camp**
bei al-Wasil
Tel. 933 62 73
www.nomadicdesertcamp.com
Sehr schön gestaltetes Camp mit Palmblatthütten, guter Küche und arabischer Livemusik. ●●

Restaurant

Traveller Oasis
links der Straße kurz vor Mintirib
Tel. 24 49 86 01
Sehr gute Grill- und Fischgerichte. ●●

Wadi Bani Khalid 19

Das Wadi mit seinen natürlichen Wasserbecken ist eines der schönsten der Region. Wenige Kilometer hinter dem Ort Mintirib ist die Abzweigung, an der ein Kiosk und öffentliche Toiletten bereitstehen. Schon die Fahrt in die Berge ist aufgrund der geologischen Formen und Farben spektakulär. Die asphaltierte Straße führt über eine Passhöhe, erst dahinter liegen die großen Palmenoasen. Eine davon ist **Moqel**, wo natürliche Pools und ein von der Bevölkerung angestauter kleiner See an den Wochenenden und Feiertagen zahlreiche Besucher anzieht. Vom Parkplatz erreicht man das grüne Paradies nach fünf Gehminuten.

Region Ja'alan

Die Region im äußersten Osten Omans zeichnet sich durch das Aufeinandertreffen von Gebirgsausläufern und Wüste aus: Immer wieder schieben sich die rötlich gelben Dünen wie überdimensionale Zungen auf die Straße.

Plausch auf dem Fischmarkt in Sur

In der Ortschaft **Bilad Bani Bu Ali** 20 befindet sich eine ungewöhnliche ****Moschee**: Ihr Dach zieren 48 Kuppeln. An der Küste bei **Al-Ashkharah** 21 kann man entweder nach Süden abbiegen und der Straße durch die Dünen der Wahiba folgen oder nach Norden Richtung Ras Al-Jinz und Sur fahren.

Hotel

Al-Ashkhara Oman Youth Hostel
Tel. 25 56 62 08
Erstklassige Unterkunft etwas außerhalb der Stadt mit individuellen Appartements, weit über Hostel-Standard, kein JH-Ausweis nötig. ●●

Sur 22

In der Vergangenheit lief ein Großteil des Ostafrikahandels über den Hafen von Sur, heute ist es eine ruhige Stadt (70 000 Einwohner) mit kleinem Suq im Zentrum und langer Küstenstraße.

Am nördlichen Ende der Straße bringen morgens gegen 6 Uhr die Fischer ihren Nachtfang an den Strand, für Frühaufsteher ein tolles Fotomotiv. Etwas weiter liegt der Eingang zur großen, flachen Bucht, in der vor der Errichtung des modernen Hafens die Fischer-Dhaus vor Anker gingen.

Auf der anderen Seite erstreckt sich die schöne **Häuserfront von Aiga**, früher ein eigenständiges Städtchen, heute Teil von Sur. Weiter die Straße hinunter finden sich die letzten ***Dhauwerften** Omans. Da Neubauten mittlerweile zu teuer sind, wird hier nur noch repariert, und man sieht ei-

ner ungewissen Zukunft entgegen. Auf dem Werftgelände befindet sich eine Werkstatt, in der die
traditionellen Schiffe in Handar-
beit als Modell gefertigt werden.
Um an die lange Bautradition zu
erinnern, liegt ein paar Meter die
Straße hinauf ein alter, in Sur ge-
bauter Großsegler. Holzfrachter
wie die **Fatah al-Khair** waren
noch bis in die 1970er Jahre im
Einsatz, bevor sie von Container-
schiffen abgelöst wurden.

Die Hotels von Sur werben mit
Nachtausflügen zu dem etwa eine
halbe Autostunde entfernten **Naturschutzgebiet von Ras al-Jinz**.
Dort kommen das ganze Jahr
über verschiedene Arten von
Schildkröten zur Eiablage an den
Strand. Der Besuch des Natur-
schutzgebietes ist straff organisiert, pro Abend ist nur eine be-
stimmte Anzahl von Gästen
erlaubt. Die Anmeldung erhält
man entweder bei lokalen Reiseagenturen oder direkt beim Visitor Centre. Man bekommt eine
Reservierungsnummer und den
Beginn der Führung, für die man
gebucht ist, mitgeteilt. In dem Besucherzentrum gibt es ein
Restaurant, Souvenirshop und
wenige Zimmern, die jedoch recht
teuer sind (Ras al-Jinz Visitor
Centre, Tel. 96 55 06 06 oder
96 55 07 07, www.rasaljinz.org

Ganz in der Nähe liegt bei **Ras
al-Hadd** 23 der östlichste Punkt
der Arabischen Halbinsel. Die
abgelegene Region lockt mit einsamen Stränden, die auf guten
Straßen erreichbar und mit Un-
terkünften ausgestattet sind.

In einer Dhauwerft in Sur

Hotels

■ **Sur Beach Hotel**
am nördlichen Stadtrand
Tel. 25 44 20 31
surbhtl@omantel.net.om
Zimmer mit Balkon, Internetzugang in
der Lobby, freundliches Personal. ●●

■ **Sur Plaza Hotel**
am südlichen Stadteingang
Tel. 25 54 37 77
www.southtravels.com
Gehobenes Mittelklassehaus mit
108 Zimmern, Restaurant und Bar.
Schöner Pool mit Sonnenterrasse. ●●

■ **Turtle Beach Resort**
Tel. 25 54 34 00
surtour@omantel.net.om
Ruhige Anlage in kleiner Bucht bei Ras
al-Hadd, einfache Strandhütten, auch
Wassersport. ●●

Special

Die Entdeckung der Langsamkeit

Ganz ohne Frage ist diese Art des Reisens für den schnelllebigen Europäer gewöhnungsbedürftig. Statt Handygeklingel rauscht die ungewohnte Stille in den Ohren.

Gängige Routen

In Oman werden Kameltrekkings in der Wahiba-Wüste angeboten. Zur Auswahl stehen diverse Rundtouren oder – sehr viel lohnender – ein Wochentrip bis zu den Gestaden des Indischen Ozeans. Mit einer Fläche von nur 16 000 km² ist die Wahiba im Vergleich zu anderen Wüsten dieser Welt so überschaubar wie ein Sandkasten.

In den Emiraten werden Ausflüge in die Dünen des Leeren Viertels um Al-Ain angeboten.

Im Gegensatz zu den Jockeys auf den Rennkamelen wird niemand auf dem Kamelrücken festgeschnallt. Um Rückenschmerzen vorzubeugen, empfiehlt es sich, mehrmals täglich neben der Karawane herzulaufen. Verspannungen, so behaupten jedenfalls die Profis, seien nach zwei bis drei Tagen verschwunden.

Die andere Art des Reisens

Spätestens bei Sonnenaufgang muss man sich aus dem Schlafsack schälen. Während die Gäste ein einfaches Frühstück zu sich nehmen, werden die Kamele gesattelt, denn bis zur heißen Mittagszeit müssen etwa 15 bis 20 km zurückgelegt sein.

Während der mehrstündigen Mittagsrast bereiten die Beduinenführer Tee vor. Im warmen, weichen Licht der Nachmittagssonne zieht die Karawane dann bis kurz vor Sonnenuntergang noch einmal rund 10 km weiter, bevor zwischen Dünen das Camp aufgeschlagen wird.

Ausrüstung

Auf keinen Fall dürfen Sonnen-schutzcreme (hoher Lichtschutz-faktor) und Kopfbedeckung feh-len. Am besten macht man es den Beduinen nach und windet sich eines der schönen omanischen Tücher *(massaar)* als Turban um den Kopf. Die ebenfalls aus leich-ter Baumwolle gefertigte Hose sollte bei angewinkelten Knien noch die Knöchel bedecken. Prak-tisch sind Schuhe, die man auf dem Kamel sitzend leicht abstrei-fen und vor dem Absitzen wieder anziehen kann.

Zum Verstauen des persönli-chen Gepäcks empfehlen sich Rucksäcke oder Taschen aus wi-derstandsfähigen, weichen Texti-lien, damit sich das Kamel nicht die Flanken aufreibt.

Die Wüste lebt! Wer sich etwas abseits der Reisegruppe ohne Zelt zur Nachtruhe betten möchte, sollte sich wegen Skorpionen und anderer Krabbeltiere von Büschen fernhalten.

Tagesausflüge

Die meisten Veranstalter in den Emiraten bieten kurze Trips im Rahmen eines Tages-ausflugs per Gelände-wagen an, es gibt aber auch längere Touren.

■ **Arabian Adventures,**
Dubai][**Tel. 303 48 88**
www.arabian-
adventures.com

■ **Al-Ain Camel Safaris**
Al-Ain (im Hilton Hotel)
Tel. 768 80 06
alcamels@emirates.net.ae
Die Ausflugsziele der Agentur liegen quasi vor der Haustür. Die teils mehrtä-gigen Touren führen in die einzigartige Dünenlandschaft des Leeren Viertels.

In Oman gibt es gute Touren durch die Wahiba-Wüste, z.B. bei
Nomadic Adventures & Tours
Tel. 99 33 62 73
www.nomadicdesertcamp.com
Der Veranstalter besitzt auch ein schönes Camp in den Dünen.

! Einen reinen Trekkingurlaub mit Kamelen sollten Sie auf jeden Fall bereits in Ihrem Heimatland buchen (Adressen ❯ S. 26).

Das Kamel

Warum guckt das Kamel so arrogant? Antwort: Allah hat 100 Namen. Der Mensch kennt 99. Nur das Kamel weiß den hundertsten … und schweigt!

Arabian Sea Restaurant
im Zentrum von Sur
Sehr gute Fischgerichte. ●

Küste zwischen Sur und Masqat

Zwischen Sur und Masqat folgt eine der schönsten Küstenstrecken des Landes, immer wieder unterbrochen von tiefen Wadieinschnitten. In den kommenden Jahren wird dieser Abschnitt mehr und mehr touristisch erschlossen werden, denn zwischen den rauen Felsen liegen kleinere Sandbuchten zum Baden. Ein erster Schritt ist mit der mautpflichtigen Autobahn schon getan. In den nächsten Jahren folgen die Badehotels.

Nur zu Fuß gelangt man ins traumhaft schöne Wadi Shab

*Qalhat 24

Kurz hinter Sur passiert man das Ruinenfeld der Stadt Qalhat. Im 12. Jh. gehörte sie zum Königreich von Hormuz und war so prachtvoll, dass ein Dichter sie als »glitzernden Diamanten« beschrieb. Auch Marco Polo und Ibn Battuta waren voll des Lobes über den Suq und die große Moschee. Um 1450 erschütterte ein Erdbeben die Stadt, gut 50 Jahre später besorgten portugiesische Kanonen den Rest. Heute steht nur noch die *Moschee Bibi Mariyam aus Korallengestein. Ihr Name geht angeblich auf eine persische Königin zurück, die vom Volk wegen ihrer Milde geliebt worden war.

6 **Wadi Shab 25

Etwa 20 km hinter Qalhat passiert man den Eingang ins **Wadi Tiwi**, dann ins **Wadi Shab**. Leider stören die Brücken der Autobahn den Blick in beide Täler, aber hat man diese passiert, ist man überwältigt. Wadi Tiwi lässt sich mit einem 4WD weit befahren. Am Ende steigt die Straße steil an, man blickt über das gesamte Tal – unbeschreiblich!

Das Wadi Shab ist nur zu Fuß zu erkunden, ein Betonsteg führt über den kleinen See hinein. Man spaziert zwischen steil aufragenden Felswänden durch üppige Vegetation und Palmengärten, vorbei an Wasserbecken. Nicht ohne Grund zählt das Tal zu den schönsten des Landes.

Im Süden wird
Weihrauch gewonnen

Dhofar – Der Süden

Nicht verpassen!

- Einen Sonnenuntergang an der Corniche von Salalah
- Feilschen mit den Beduinenfrauen auf dem Weihrauchmarkt in Salalah
- Einen frischen Kokossaft an einem der Kioske entlang der Straße
- Eine Fahrt in die 200 Meter hohen Dünen des Leeren Viertels

Zur Orientierung

Die Provinz Dhofar im Süden Omans erlebte dank des Exports von Weihrauch schon in der Antike eine wirtschaftliche und kulturelle Blüte. Da sie von den nördlichen Zentren Omans durch die Wüste abgeschnitten ist, bestehen enge Kontakte zu den jemenitischen Nachbarn. Diese machen sich nicht allein in der Architektur und Kultur bemerkbar: In den 1960er- und 70er-Jahren kämpften hier sozialistisch orientierte Rebellen gegen die Regierung. Erst 1975 konnten Sultan Qaboos' Truppen die Provinz befrieden.

Die Dhofar-Region bedeckt etwa ein Drittel Omans. Weite Teile sind entweder weitläufige Geröllwüste, von den Dünen des Leeren Viertels bedeckt oder abseits an der Küste des Indischen Ozeans gelegen. Diese Landschaften haben ihre besonderen Reize. So liegt z.B. in der Geröllwüste nahe Haima das Naturschutzgebiet für die seltene Oryx-Antilope. Um dort hinzugelangen, braucht man jedoch Zeit und streckenweise noch einen Geländewagen. Die entlegenen Strände sind einsam, die kleinen Ortschaften wie Ras Madrakah oder Shuwaimiya hingegen lebendige Nester, die vom Fischfang leben.

Eine asphaltierte Küstenstraße erlaubt es mittlerweile, in drei bis vier Tagen gemütlich von Masqat gen Süden zu reisen. In Zukunft gestaltet sich die Reise entlang der Küste interessant, wenn 2012 die Strecke zwischen Shuwaimiyah und Sadh fertig sein wird. Bis dahin muss man die recht öde Strecke durch das Landesinnere nehmen, die bis auf die »nickenden Esel« (Erdölpumpen) von Marmul, einem der größten Fördergebiete Omans, kaum etwas zu bieten hat. Bei Thumrait stößt man auf die Straße Salalah–Masqat.

Wer weniger Zeit hat, nimmt das Flugzeug nach Salalah, um die Strände zu genießen, den Fischern zuzusehen oder die Dhofar-Berge mit dem Mietwagen zu erkunden. Denn hier wachsen die berühmten Weihrauchbäume, die dem Land vor 2000 Jahren den Beinamen »Arabia Felix« – glückliches Arabien – eintrugen. Die beste Jahreszeit für diese Region ist der frühe Oktober, wenn sich die Monsunwolken verzogen haben und die Berghänge von sattem Grün überzogen sind.

Touren in der Region

Dhofar-Impressionen

⬤ Salalah › Taqah › Samharam › Mirbat › Nabi Ayoub › Mughsail › Ubar › Leeres Viertel › Salalah

Dauer: drei volle Tage ab/bis Salalah

Praktische Hinweise: Für diese drei Tagesausflüge ab Salalah kann man ein Auto leihen oder ein Taxi für den Tag mieten. Bei dem Ausflug Richtung Osten (Samharam, Mirbat) sind etwa 90 km, beim zweiten Ausflug gen Westen (Mughsail, Wadi Afawl) 100 km, beim dritten Ausflug (Leeres Viertel) ca. 480 km zurückzulegen.

Wenn von der Dhofar-Region gesprochen wird, meint man eigentlich die gleichnamigen Berge und die von ihnen umschlossene Salalah-Ebene. Die Mehrzahl der Gäste kommt als Badeurlauber nach ****Salalah** ❯ S. 93 und unternimmt vom Hotel aus ab und an einen Tagesausflug. Ab Salalah gibt es dafür mehrere Möglichkeiten: Man kann zu einer Tour gen Osten Richtung Mirbat aufbrechen, am nächsten Tag gen Wes-

Dhofar-Impressionen Salalah ❯ Taqah ❯ Samharam ❯ Nabi Ayoub ❯
Mughsail ❯ Ubar ❯ Leeres Viertel ❯ Salalah

ten Richtung jemenitischer Grenze fahren und am dritten Tag eine schöne Tour durch die Berge unternehmen. Unterwegs laden immer wieder kleine Restaurants oder Picknickplätze zur ausgiebigen Rast ein.

Wer auf den Spuren der omanischen Geschichte wandeln möchte, fährt einen Tag Richtung Osten, besucht die kleine Festung von *Taqah ❯ S. 96, anschließend den antiken Weihrauchhafen **Samharam ❯ S. 97, macht noch einen Abstecher in die lebendige Hafenstadt **Mirbat** ❯ S. 97 und genießt auf dem Rückweg die Stille und Schönheit der Landschaft im **Wadi Darbat ❯ S. 100.

Für den Tagesausflug Richtung Westen folgen Sie zunächst dem Küstenverlauf zum Vogelschutzgebiet Khor Salalah und biegen dann in die Berge ab zum **Grab des Hiob (Nabi Ayoub; ❯ S. 99).

Vögel beobachten

Südoman ist ein Paradies für Ornithologen, da in den Buchten (arabisch *khor*) sowohl seltene einheimische Vögel als auch Wintergäste aus Europa zu finden sind, darunter Störche, Kraniche, Ibisse und Flamingos. Um sie zu entdecken, muss man jedoch schon in der Dämmerung vor Ort sein. Richtung Westen bieten sich besonders der Khor Salalah oder der Khor Mughsail zur Vogelbeobachtung an, im Osten Khor Taqah und mehrere kleine Buchten entlang der Küste.

Für die nächsten 24 km zur Küste sollte man sich genügend Zeit nehmen, denn immer wieder öffnet sich ein weiter Blick über die Salalah-Ebene mit der Stadt und ihren ausgedehnten Palmenhainen. Es gibt ausreichend Parkmöglichkeiten, um diese Ausblicke zu genießen und Fotos zu machen.

Und dann öffnet sich unvermittelt die lang gezogene Bucht von **Mughsail ❯ S. 98. Hier können Sie ein erfrischendes Bad am herrlichen Sandstrand nehmen und anschließend die Haarnadelkurven an den Hängen des **Wadi Afawl** ❯ S. 99 bezwingen. Die Asphaltstraße führt durch die Berge und gibt auf dem Weg Richtung jemenitische Grenze immer wieder grandiose Blicke auf die Küste frei.

Auf dem Rückweg nach Salalah passiert man noch den Küstenort **Raysut,** einen modernen Containerhafen, der in den letzten Jahren ausgebaut und zu einem wichtigen Arbeitgeber in der Region wurde.

Wer sich für die Wüste interessiert, lässt sich die Dünen des **Leeren Viertels ❯ S. 101 nördlich von Thumrait nicht entgehen. Auf dem Weg dorthin liegt das *Wadi Dawqah ❯ S. 99, wegen seiner vielen Weihrauchbäume in die Liste der UNESCO-Weltkulturerbes aufgenommen. Die 4000 Jahre alte Karawanenstation von **Ubar ❯ S. 101 galt bis zu ihrer Entdeckung 1985 als das »Atlantis der Wüste«. Man kann den Ausflug ins Leere Viertel mit viel Fahrerei an einem Tag machen, die lokalen Agenturen bieten jedoch auch Übernachtungen in den Dünen an – und eine Nacht unter dem Sternenhimmel in der Wüste ist ein unvergessliches Erlebnis!

Verkehrsmittel

Der Flughafen von Salalah wird mehrmals täglich von Oman Air ab Masqat-Seeb angesteuert. Die Flugzeit beträgt knapp eineinhalb Stunden.

Vor Ort verkehren zahlreiche Taxen, die auch für Tagesausflüge gebucht werden können.

Möchte man lieber auf eigene Faust reisen, ist ein normaler Pkw eigentlich ausreichend, denn auch die Bergstrecken und Wadis der Dhofar-Berge sind größtenteils asphaltiert. Einen Geländewagen braucht nur, wer auch etwas abseits gelegene Regionen in den Bergen erkunden möchte oder einen Abstecher in die Dünen des Leeren Viertels plant.

Unterwegs in Dhofar

**Salalah 1

Die Stadt (120000 Einw.) blickt auf eine bewegte Geschichte zurück, von der große Abschnitte im Dunkeln liegen. Den wenigen Aufzeichnungen zufolge war sie abwechselnd im Besitz jemenitischer Dynastien und der Perser; zeitweise soll ein Pirat das Sagen gehabt haben.

*Al-Baleed

Von der ersten Stadt an dieser Stelle existieren nur noch Ruinen; sie war als Exporthafen für Weihrauch und Pferde bekannt. Später verfiel sie, die Bewohner nutzten ihre Bauten als Steinbruch, um an neuer Stelle Salalah (»die Strahlende«) zu errichten. Heute ist Al-Baleed nicht nur ein UNESCO-Welterbe, sondern auch eine schöne Parkanlage, auf deren Ge-

Kinder begrüßen die Gäste

93

In der Neustadt von Salalah treffen Tradition und Moderne aufeinander

lände u. a. die alte **Hofmoschee** steht: ihre restaurierten Säulenstümpfe, der Innenhof und – eine Seltenheit in der islamischen Architektur – die Gebetsnische in derselben Wand, durch die auch die Moschee von den Gläubigen betreten wurde. Das **Weihrauchmuseum** beschäftigt sich mit dem Räucherwerk und zeigt archäologische Fundstücke der Regionen Omans (Park und Museum Sa bis Mi 8–14, 16–20, Do, Fr nur 16 bis 20 Uhr).

Altstadt

Westlich von Al-Baleed beginnt die **Corniche** (Küstenstraße), wo sich abends viele Einheimische treffen. Die Straße mit einigen Restaurants und Coffeeshops verläuft zwischen dem Strand und dem Altstadtviertel Al-Hafah, das den **Suq** beherbergt. Hier werden Weihrauch, Essenzen, Dufthölzer und Duftmischungen feilgeboten.

Die Verkäufer sind oft schwarz gekleidete Beduinenfrauen, die kaum Englisch sprechen. Trotzdem gestaltet sich der Kontakt mit ihnen sehr interessant. Würdevoll legen sie den Preis fest und verbitten sich Zudringlichkeiten mit der Kamera. Erst wenn der Kauf beendet ist, kann man darauf hoffen, ein Foto machen zu dürfen.

Direkt neben dem Weihrauchmarkt liegt einer der drei Paläste, die Sultan Qaboos in Salalah und Umgebung besitzt. Er heißt schlicht **Al-Husn** und ist von hohen Mauern umgeben. An diesen kann man unter Königspalmen entlangschlendern und den schönen Uhrturm bewundern.

Neustadt

Gegenüber vom Eingangstor des Palasts führt die **al-Nahda-Straße** ins neue Salalah. Im Gegensatz zu Masqat wirkt die Stadt auch hier nicht offiziell. Es mag ihr an Lieblichkeit fehlen, doch besitzt sie einen herben Charme, den das gleißende Licht noch verstärkt.

Am nördlichen Ende der al-Nahda ist in einem Gebäude des Kulturministeriums ein sehenswertes kleines **Museum** untergebracht. In der Eingangshalle hängen Schwarz-Weiß-Porträts von Mitgliedern verschiedener Stämme, die Wilfred Thesiger bei seinen Reisen ins Leere Viertel zwischen 1945 und 1950 aufnahm. In weiteren Räumen finden sich Schiffsmodelle, Fundstücke aus Samharam › S. 97 und Schmuck, außerdem eine Ausstellung über die Frauenkleidung der Regionen Omans (Sa–Mi 8–14 Uhr).

Seit 2009 dominiert die wohlproportionierte Silhouette der großen **Sultan-Qaboos-Moschee** mit ihren Minaretten und Kuppeln das Bild der Neustadt. Mit Platz für etwa 3000 Gläubige ist sie zwar wesentlich kleiner als ihr Pendant in Masqat, dennoch lohnt sich ein Besuch. Sie ist auch für Nicht-Muslime geöffnet (Sa bis Do 8–11 Uhr)

Eine sehr belebte Straße ist die **as-Salaam** mit ihren zahlreichen modernen Geschäften. An der Kreuzung mit der al-Nahda-Straße finden sich Geldwechsler und der relativ kleine Goldmarkt.

Durch die parallel zur Küste verlaufenden Gärten mit ihren üppigen Palmen, Bananen-, Papaya- und Mangopflanzungen wirkt Salalah wie ein tropisches Paradies. Alle paar Meter stehen Kioske, die Früchte und herrlich frische Kokosmilch feilbieten.

Info

■ **Flughafen:** direkt an der Stadtgrenze, ca. 5 km bis ins Zentrum (www.omanairports.com). Keine Shuttlebusse; Taxi ca. 5 R.O. Fluglinien: Oman Air, Tel. 23 29 43 01.

■ **Mietwagen:**
Budget, Tel. 23 23 53 33;
Toyota Rent A Car, Tel. 23 29 46 65.

■ **Busbahnhof:** bei der 23rd of July Street, Busgesellschaft ONTC, Tel. 23 29 27 73

Die schönsten Strände

■ Postkartenschön ist der **Strand bei Salalah:** weißer Sand, azurblaues Wasser mit leichter Brandung und Kokospalmen, dazu ein paar Fischerboote und Möwen. › S. 93

■ Südlich von Al-Ashkharah (Nordoman) führt die Straße entlang der Küste in die Dünen der **Wahiba-Wüste**, wo sich immer wieder Buchten öffnen. Ideal für ein Bad im Indischen Ozean – vielleicht kommen sogar Delfine vorbei. › S. 83

■ Am Nachmittag leuchten die Felsen in der Bucht von **Barr al-Jissah** bei Masqat im warmen Licht. Hier lassen die Omanis gerne den Tag mit einem Bad ausklingen. › S. 58

■ Der **Jumeirah Beach Park** in Dubai bietet alle Annehmlichkeiten für einen Tag am Meer: Sand, Sonne, Palmen, ein kleines Restaurant – und am Horizont das Wahrzeichen Dubais: Burj al-Arab. › S. 138

■ An der Ostküste der Emirate liegt die weite Bucht von **Khor Fakkan** mit dem Badehotel Oceanic, einer Strandpromenade und mehreren Restaurants. › S. 158

Hotels

■ **Crowne Plaza Resort**
Al-Khandaq St.
Tel. 23 23 53 33
www.crowne-plaza.de
Strandhotel mit Pool; die Zimmer in warmen Erdtönen sind mit orientalischen Schnitzereien dekoriert. ●●●

■ **Arabian Sea Villas**
Dahariz
Tel. 23 23 58 33
www.arabian-sea-villas.com
Appartements direkt am Strand; der Besitzer ist Omani und organisiert gute Ausflüge in die Umgebung. ●●

■ **Beach Villas**
Dahariz 214
Tel. 23 23 59 99
beachspa@omantel.net.com
Familiäre Atmosphäre; Alternative zum Hoteltrubel am Strand. Neue Villen und Hotel mit Pool. ●●

■ **Hilton Salalah Resort**
Al Sultan Qaboos St.
Tel. 23 21 12 34
www.hilton.de/salalah
Strandhotel mit 147 komfortablen Zimmern; luxuriöse Suiten mit Balkon und Meerblick. ●●

Restaurants

■ **Bin Atique**
23rd of July St.
Tel. 23 29 23 84
Derzeit das einzige Restaurant in Salalah mit wirklich landestypischer Küche und Einrichtung. ●●

■ **Green Garden Restaurant**
am östlichen Ende der As-Salaam St.
Tel. 23 29 97 17
Im Restaurant von Bakhit Ali al-Mahree gibt es neben verschiedenen Variationen von Kamelfleisch die sonst selten erhältliche Kamelmilch. ●●

■ **Hassan bin Thabit**
23rd of July St.
Tel. 23 29 10 10
Indische und chinesische Küche stehen in diesem Lokal zur Auswahl. ●

Die Küste

Das Niemandsland zwischen Salalah und Taqah wurde lange ignoriert, doch nun entsteht hier **Marina Salalah**, ein großer touristischer Komplex mit Jachthafen und Hotels.

Ain Razat ❷

Das Wort Ain bedeutet auch Quelle, und davon gibt es viele im Kalkgestein des Dhofar-Gebirges. Um Ain Razat wurde ein Park angelegt. Der Kontrast blühender Pflanzen und ockerfarbener Felsen sowie leise plätschernde Quellwasser verführen zum Verweilen. Etwas näher an der Straße Richtung Taqah liegt eine zweite Quelle, **Ain Hamran**. Hier werden sogar Weintrauben angebaut.

*Taqah ❸

Sehenswert ist vor allem die kleine **Burg** im Zentrum des Ortes, die mit Gegenständen aus Indien, China und dem Jemen eingerichtet ist. In der Altstadt sind noch Teile der für Dhofar typischen traditionellen Wohnbebauung erhalten. Der Strand ist von Kokospalmen gesäumt und wie seit Urzeiten von Fischern und ihren Booten in Beschlag genommen. Er endet abrupt an einer Klippe, auf der die Reste einer kleinen Festung thronen. Eine kurze

Schotterpiste führt hinauf; oben angekommen genießt man einen weiten Blick über Palmenhaine, Taqah und den langen Strand.

**Samharam 4

Da Weihrauch nicht nur auf Kamelen, sondern hauptsächlich auf Schiffen transportiert wurde, entstanden entlang der Küste mehrere Handels- und Hafenstädte, darunter Samharam. 1952 kamen Archäologen zu der Überzeugung, dass die Gründung des einst bedeutenden Hafens auf das 1. Jh. n.Chr. zurückgeht. Die ursprüngliche Siedlung liegt auf einem Hügel über einer Lagune und wird von einer Mauer umgeben, die noch bis zu 3 m hoch ist (Sa–Do 9–16 Uhr). Im Museum von Salalah › S.95 sind Fundstücke aus Samharam ausgestellt, darunter eine Steintafel in alter südarabischer Schrift, die von der Gründung des Hafens berichtet.

Mirbat 5

Die Hafenstadt hat ihre besten Zeiten leider hinter sich, die einst prächtigen Häuser mit jemenitischen Stilelementen verfallen zusehends. Bis ins 18. Jh. war sie einer der wichtigsten Ausfuhrhäfen für Weihrauch. Während des Dhofar-Krieges in den 1970er-Jahren fand hier ein letztes Gefecht um die **alte Festung** statt.

Etwa 2 km vor dem Ortseingang liegt rechts der Straße das blendend weiße **Grabmal von Scheich Muhammad bin Ali al-Alawi,** das mit zwei Kuppeln versehen ist. Der Baustil weist schon

Grabmal des Muhammad bin Ali vor den Toren von Mirbat

auf seine jemenitische Herkunft hin. Der Legende nach gehörte Bin Ali, wie er kurz genannt wird, im 12. Jh. zu einer Gruppe jemenitischer Auswanderer des Hadramaut. Andere Quellen behaupten, er sei schon tot gewesen, und man hätte seine Gebeine hierhergebracht und erneut bestattet. Touristen sollten dieses islamische Heiligtum, das allein von Muslimen betreten werden darf, nur aus der Ferne betrachten.

In Dhofar werden Friedhöfen und Gräbern magische Kräfte zugeschrieben. Außergewöhnlich sind die alten, verzierten Grabsteine, die man nur hier findet.

Ein Tipp für Allradfahrer: Etwa 12 km westlich von Mirbat beginnt rechts die steile Bergpiste zum Wadi Hina. Neben der fahrerischen Herausforderung warten weite Blicke über die Küste und die nur hier wachsenden Baobab- oder Affenbrotbäume. Die Piste wird wohl bald asphaltiert. Lassen Sie sich nicht von dem Schild »road closed« irritieren, man kommt durch.

Salalah Marriott Resort
Tel. 23 26 82 45
www.marriott.de
Etwas abgelegenes Hotel (80 km bis Salalah) mit 170 Zimmern nahe dem Strand von Mirbat. Schöne Poolanlage, Tauchschule, Mountainbiketouren und Kayaking. ●●●

Seafood Restaurant
Der Hafen von Mirbat wirkt nicht unbedingt einladend, die frisch zubereiteten Fischgerichte im einfachen Restaurant sind aber gut. Man sitzt unter einem Schattendach am Meer, eine Dachterrasse ist geplant.●

Ausflug nach Hasik

Von Mirbat führt eine landschaftlich großartige Strecke entlang der Küste in Richtung Osten. Die Asphaltstraße windet sich entlang steil abfallender Berghänge, die Wellen brechen sich an den Felsbrocken, hie und da öffnet sich eine Bucht mit Sandstrand. Derzeit kommt man nur etwa 100 km weit bis ins Örtchen **Hasik**, wo man sich in einem kleinen Restaurant stärken kann. In den nächsten Jahren soll die Straße bis Shuwaimiyah ausgebaut werden.

Mughsail 6

Hauptattraktion von Mughsail ist ein herrlicher Sandstrand, an dessen westlichem Ende dunkle Klippen in den Himmel ragen. Die kleinen Strandhäuser werden an den Wochenenden gern von den Einwohnern Salalahs aufgesucht. Kurz vor den Klippen ist die Bucht Khor Mughsail mit Schilfgras bestanden. Vielleicht staksen sogar ein paar Flamingos durch das flache Wasser, in dem nicht selten auch Kamele und Rinder grasen.

Brandungsfischer am Strand von Mughsail

An den hohen schwarzen Klippen führt ein Pfad zu den **Blowholes**, fast kreisrunden Löchern im Gestein, die durch das Meerwasser ausgewaschen wurden. Bei rauer See schießt das Wasser hier fontänenartig in die Höhe.

Ausflug ins Wadi Afawl und nach Dalkut

Von Mughsail führt die Straße an der Küste entlang Richtung jemenitische Grenze. Kurz hinter Mughsail fällt sie an steilen Berghängen über fünf Haarnadelkurven hinab ins **Wadi Afawl**, um sich auf der gegenüberliegenden Seite wieder auf 1000 m hinaufzu-

winden. Etwa 3 km hinter diesem imposanten Straßenbauwerk eröffnet sich ein toller Blick über die Küste. Von hier sind es noch ca. 120 km bis zur Grenze, vorbei an bewaldeten Berghängen, Dörfern und tief eingeschnittenen Wadis. Am Strand von **Dalkut** liegt das Wrack eines Militärhubschraubers. Manchmal sieht man auch die Murmeltiere, die sich hier im Unterholz tummeln.

In den Dhofar-Bergen

Nabi Ayoub ⑦

Schon von Weitem glänzt die goldgefärbte Kuppel dieser Moschee neben dem **Grabmal des Hiob**, das in einem Garten steht. Besucher müssen ihre Schuhe ausziehen, Frauen den Kopf bedecken (Kopftücher werden ausgeliehen). Unter der grünen Abdeckung vor dem Eingang befindet sich ein Fußabdruck, den Hiob hinterlassen haben soll. Das Grab ist mit Gaben von Pilgern bedeckt: Leichentücher, Blumen und Seiten aus dem Koran.

Restaurant

Nabi Ayoub Restaurant
Tel. 23 92 11 62
Reizvolle Aussicht, von außen nicht einladend, aber das Essen ist gut! ●●

*Weihrauchpark des Wadi Dawqah ⑧

Der Weihrauchpark zählt wegen der großen Menge der hier wachsenden Weihrauchbäume zum

---

Kostbares Harz

Etwa ab dem 5 Jh. v.Chr. wurde ein simples Baumharz in Europa teurer als Gold gehandelt: Weihrauch. Das brachte dem Ursprungsland des Harzes den Beinamen »glückliches Arabien« ein – *arabia felix*. Geerntet wurde der Weihrauch in Dhofar. Per Schiff gelangte er nach Jemen, von wo die Karawanen auf der Weihrauchstraße gen Norden starteten. Im 6. Jh. n.Chr. begann der Niedergang des Weihrauchhandels, u.a. weil das Christentum in seiner Frühphase den Gebrauch des berauschenden Stoffes ablehnte – er enthält dieselbe THC-Verbindung wie Haschisch. In Oman wird er immer noch zum Parfümieren von Kleidung, als Arznei gegen Kopfweh oder zur Insektenabwehr eingesetzt. Je heller und größer die Körner, umso besser die Qualität.

UNESCO-Welterbe. Hier, an den Nordausläufern des Dhofar-Gebirges, herrscht jenes von geringer Feuchtigkeit und viel Wärme geprägte Klima, das die sensiblen, nur schwer zu züchtenden Bäume benötigen. Die meisten Exemplare stehen in unzugänglichen Seitentälern, doch auch entlang der Straße finden sich vereinzelte Baumgruppen, die schöne Fotomotive abgeben.

Rundfahrt in den Bergen

Eine Fahrt durch die Dhofar-Berge eröffnet immer wieder schöne Aus- und Einblicke.

Kurz hinter Taqah ❭ S. 96, an der Straße nach Mirbat, fällt auf der linken Seite eine Steilwand ins Auge. Sie bildet das Ende des tiefer in den Bergen gelegenen **Wadi Darbat 9**. Während der Monsunregenfälle (zwischen Juli und September) bildet sich an dieser Stelle bei genügend Wasser ein **äußerst eindrucksvoller Wasserfall,** der über 200 m in die Tiefe stürzt.

Das Wadi selbst ist über die kurz darauf links abzweigende Bergstraße zu erreichen und mit einem Pkw zu befahren. Fast biblisch ist das Bild, denn im Wadi Darbat leben viele Jebalis (Bergbewohner), die auf den satten Grünflächen ihre Kamel- und Rinderherden grasen lassen. Ein paar wilde Esel bereichern die Szenerie. Auch Chamäleons und Murmeltiere gibt es hier.

Weiter hinten im Wadi versorgt ein lang gezogener See, der auch nach dem Monsun nicht austrocknet, Mensch und Tier mit ausreichend Wasser. Vom Eingang des Wadi hat man übrigens einen **großartigen Ausblick auf die Küste,** wo die beiden großen Felsrücken, die den Eingang zur Khor Ruri markieren, zu sehen sind. Dort liegen die Ruinen der antiken Hafenstadt Samharam ❭ S. 97.

Die nächsten Kilometer verlaufen über die sanft geschwungenen Hügel des Dhofar-Gebirges, man sieht vereinzelt Hütten oder Häuser der Jebalis. Immer wieder kreuzen Kamel- oder Rinderherden die Straße. Bei der Ortschaft Tawi Attair führt eine neue Asphaltstraße zum **Jebel Samhan**, mit 1800 m der höchste Berg des Südens. Von einem Plateau mit senkrecht abfallenden Steilwänden eröffnet sich ein Ausblick über die Küstenebene und die Stadt Mirbat.

Bei **Qairun Hairitti 10** ist die Hauptstraße erreicht, die rechts nach Thumrait und zu den Weihrauchbäumen des Wadi Dawqah ❭ S. 99 führt.

Ist man mit einem Allradfahrzeug unterwegs, kann man noch ins **Wadi Ayoun** weiterfahren. Es liegt versteckt zwischen den Kalkfelsen zu Füßen der Dhofar-Berge. Von einer Klippe oberhalb des Tales blickt man auf das mit Wasser gefüllte Tal, an dessen Rändern sich die grünen Schilfgräser im Wind wiegen. Wilfred Thesiger tränkte hier seine Kamele, als er auf dem Weg von Salalah ins Leere Viertel war.

Die Wüste

Für diese Region sollte man sich möglichst mehr als nur einen Tag Zeit nehmen. Man braucht einen Geländewagen und für die Dünen des Leeren Viertels eventuell einen Guide, wenn man tiefer hinein in die Wüste möchte.

**Ubar (Shisr) 🏽

Etwa 12 km hinter Thumrait weist ein erstes Schild links zur 75 km langen Piste nach Shisr. Fährt man ca. 30 km weiter, biegt links die neue Asphaltstraße dorthin ab. Shisr ist der heutige Name der kleinen Oase, die in der Antike Ubar hieß und damals ein wichtiger Karawanenrastplatz war. Ver-

geblich suchten Abenteurer nach dieser in der Bibel und im Koran erwähnten Stadt, die durch den Weihrauchhandel zu sagenhaftem Reichtum gelangt sein sollte. Erst 1992 konnte das Atlantis der Wüste dank modernster Satellitentechnologie geortet werden. Die Ruinen mögen zunächst unscheinbar wirken, doch die Fundstücke im angeschlossenen Museum lassen die einstige Bedeutung der 4000 Jahre alten Stadt erahnen.

Von Ubar sind es weitere 70 km durch flache Geröllebenen bis nach **Hashmaan,** einer kleinen Oase. Hier beginnen sie sich aufzutürmen, die hohen Dünen der größten Sandwüste der Erde, des Leeren Viertels.

7 **Leeres Viertel (Rub al-Khali)

Für die meisten Menschen ist die Wüste einfach nur ein Haufen Sand. Für andere bietet sie die Möglichkeit zur Flucht aus unserer hektischen, lauten Welt. Probieren Sie das Abenteuer Wüste aus, gerade dann, wenn Sie nur einen uninteressanten Sandhaufen erwarten! Auf einer Düne zu sitzen und nur das eigene Blut in den Adern rauschen zu hören, die Augen über ein unbeschreiblich schönes Naturschauspiel gleiten zu lassen, das hat etwas Meditatives. Und eine Nacht im Sand – unter einem leuchtenden Sternenhimmel, den kein künstliches Licht beeinträchtigt – ist ein unvergessliches Erlebnis. Vielleicht befällt Sie hier der Wüstenvirus. Denn wie heißt es sinngemäß im Vorwort zu Wilfred Thesigers Buch »Die Brunnen der Wüste«: »Wer einmal in die Wüste reist, kehrt verändert aus ihr zurück.«

Wohlhabende Omanis halten sich im Leeren Viertel große Kamelherden – eine Erinnerung an das alte Arabien.

Von Salalah aus bietet der sehr zuverlässige und Deutsch sprechende Musallam ein- oder zweitägige Ausflüge ins Leere Viertel an. Infos bei **Arabian Sand Tours,** Salalah, Tel. 99 49 51 75, Fax 23 29 61 10, damiem@hotmail.com. Wer an einer längeren Reise durch die Wüste interessiert ist, bucht diese besser schon ab Deutschland, z.B. bei **Arabia Felix** ❯ S. 26. An Ausrüstung braucht man nur einen Schlafsack und eine Isomatte, alles andere wird gestellt.

Abu Dhabi

Nicht verpassen!

- Einen Besuch der riesigen, mit feinen Intarsien verzierten Scheich-Zayed-Moschee
- Eine Dinner Cruise vor der Küste Abu Dhabis mit Blick auf die hell erleuchtete Skyline
- Eine Fahrt über die 300 Meter hohen Dünen bei Liwa mit anschließendem Barbecue
- Einen Sonnenuntergang auf dem Jebel Hafeet mit Blick auf die nächtliche Oasenstadt Al-Ain

Zur Orientierung

Bereits im 3. Jtsd. v.Chr. war die Gegend um das heutige Abu Dhabi besiedelt. Darauf weisen die Funde einer alten Kultur hin, deren prächtige Gräber man auf der Nachbarinsel Umm an-Nar entdeckte. Die heutige Stadt wurde um 1761 um eine Quelle gegründet; dreißig Jahre später übersiedelte auch die heute noch herrschende Al-Nayhan-Familie an die Küste.

Bis 1929 lebte man gut vom Fischfang und später von der Perlentaucherei, doch dann entfiel die Haupteinnahmequelle praktisch über Nacht durch die Entwicklung der Zuchtperle in Japan. Es war der sprichwörtliche Griff nach dem Strohhalm, der Scheich Shakhbut dazu bewog, ab 1939 Konzessionen zur Erdölförderung an die Briten zu vergeben. Doch erst ab 1962 verdiente Abu Dhabi die ersten Petrodollars.

Mit der Ablösung von Scheich Shakhbut durch seinen Bruder Zayed begann 1966 die rasante Entwicklung Abu Dhabis zur Großstadt. Scheich Zayed hatte maßgeblichen Anteil an der Gründung der Föderation der Vereinigten Arabischen Emirate und war bis zu seinem Tod 2004 deren Präsident.

Die meisten Gäste wählen die Stadt Abu Dhabi als Bade-Urlaubsziel. In ihrer Umgebung gibt es ausgesucht schöne Strände, nur einen Katzensprung vom Stadtzentrum entfernt. Die Orientierung fällt leicht, denn die Straßen sind schachbrettartig angeordnet – wie in New York –, und so trägt Abu Dhabi denn auch den Spitznamen »Manhattan der Wüste«. Das Stadtbild wird durch unzählige kleine und große Grünanlagen aufgelockert. Machen Sie es wie die Einheimischen – gönnen Sie sich mittags ein kleines Picknick im Schatten der Palmen. Auch ein Spaziergang entlang der Corniche gehört zum Pflichtprogramm.

Für die nächsten Jahre hat sich Abu Dhabi viel vorgenommen. Auf der stadtnahen Insel Saadiyat entstehen bis 2012 Luxushotels, Parks, Golfplätze und zwei kulturelle Extravaganzen: Sowohl der Pariser Louvre als auch das New Yorker Guggenheim Museum werden hier eine Dependance eröffnen. Nahe dem Flughafen baut Sir Norman Foster Masdar City, eine Öko-Stadt für 50 000 Menschen, die ohne CO_2-Ausstoß auskommen will.

Die Zukunftspläne beschränken sich aber nicht nur auf das Stadtgebiet. Etwa 240 km westlich liegen die Desert Islands; eine der acht Inseln ist für Touristen freigegeben. Für Motorsportfreunde sei noch angemerkt, dass Abu Dhabi seit 2009 Austragungsort von Formel-1-Rennen ist.

Mazedonischer Marmor in der Scheich-Zayed-Moschee

Tief im Inland des Emirates liegen zwei weitere Ausflugsziele: Aus den Liwa-Oasen zogen einst die Beduinen an die Küste, heute betreibt man hier dank aufwendiger Bewässerung sogar Landwirtschaft. Des einen Freud ist des anderen Leid: Während die Oasenbewohner ständig bemüht sind, den Sand des Leeren Viertels aus ihren Gärten zu halten, zieht es die Besucher in die Stille der bis zu 200 m hohen Dünen.

Der Beiname Al-Ains, »Gartenstadt«, sollte nicht glauben machen, dass es nur für Freunde üppiger Blumenpracht etwas zu sehen gibt: Auch Museen und der Kamelmarkt lohnen den Besuch.

Touren in der Region

Auf die Insel Sir Bani Yas

> ━⑪━ **Abu Dhabi › Sir Bani Yas › Abu Dhabi**
>
> **Dauer:** 2 Tage
> **Länge:** 500 km
> **Praktische Hinweise:** Besuche auf der Insel müssen im Voraus bei Desert Islands gebucht werden: Tel. 02/406 14 49, info@desertislands.com, www.desertislands.com

Sir Bani Yas › S. 114, eine der acht Desert Islands, wurde Ende 2008 für Besucher geöffnet – als Naturschutz- und Erholungsgebiet. Weiße Strände und das gebirgige Inselinnere wollen erkundet werden; einen Game Drive über die Insel, bei dem man viele der hier lebenden Tiere zu Gesicht bekommt, sollte man nicht verpassen. Die 240 km lange Zufahrtsstrecke entlang der Küste bis zur Fähre bei Jebel Dhanna hat nicht wirklich etwas zu bieten. Ein Taxi bringt Sie in knapp 3 Stunden zum Fährhafen (Fahrzeiten und Preise erfährt man bei Hotelbuchung), Selbstfahrer stellen ihr Auto am Fähranleger ab.

Zu den Oasen von Liwa

> ━⑫━ **Abu Dhabi › Emirates National Auto Museum › Madinat Zayed › Mezirah › Asab › Abu Dhabi**
>
> **Dauer:** 2 Tage
> **Länge:** ca. 450 km
> **Praktische Hinweise:** Um den »Heimatort« der Al-Nahyan-Familie zu besuchen, ist kein Geländewagen nötig, Asphaltstraßen verbinden die Oasengruppe mit der Zivilisation. Dennoch sollte man sich überlegen, für diese Tour einen zu mieten oder sich einer Gruppe anzuschließen, denn sonst bleiben Ihnen die Dünen des Leeren Viertels verschlossen. Wer nicht selber fahren will, kann den Ausflug bei Agenturen in Abu Dhabi buchen.

Für Autonarren empfiehlt sich auf der Hinfahrt ein Abstecher auf der Straße E56 Richtung Hamim, denn dort liegt, mitten im Nichts, eines der skurrilsten Museen des Landes: das **Emirates**

National Auto Museum. Sein Besitzer, H.H. Sheikh Hamad bin Hamdan Al Nahyan, ist ein Fan von Mercedes, wie an einer Sammlung von Nobelkarossen in allen Farben des Regenbogens unschwer zu erkennen ist. Aber nicht nur das gibt es zu bestaunen, auch den ersten Motorwagen von Benz (ein Nachbau), jede Menge Oldtimer aus den USA und das größte Wohnmobil der Welt! (www.enam.ae)

Zurück auf der Küstenstraße fährt man weiter bis zum Abzweig nach **Madinat Zayed,** eine für die Beduinen neu angelegte Stadt in Reichweite Abu Dhabis.

Dann ist **Mezirah** ❯ S. 115 erreicht, das Versorgungszentrum der Region. Die Gärten sind umgeben von den Dünen, durch die sich gen Osten und Westen das schwarze Band der Straße zieht, an der mehrere kleinere Oasen wie Perlen auf einer Schnur aneinandergereiht sind. Sie sind ständig von Versandung bedroht.

Für den Rückweg wählt man den etwas längeren Weg über **Asab;** er führt durch die Erdölfördergebiete mit den vielen »nickenden Eseln«, den Förderpumpen. Dabei kommt man auch durch **Hamim,** die östlichste Oase. Hier bietet das noble Qasr al-Sarab Hotel ❯ S. 115 einen Pool und sogar ein eigenes Oberservatorium!

In die Gartenstadt Al-Ain

─⓭─ **Abu Dhabi** ❯ **Al-Ain** ❯ **Abu Dhabi**

Dauer: 2 Tage
Länge: 300 km
Praktische Hinweise: Diesen Ausflug kann man problemlos mit dem Mietwagen unternehmen. Viele Agenturen bieten Al-Ain als Tagestour an, doch dann verpasst man den Sonnenuntergang auf dem Jebel Hafeet und den Kamelmarkt.

Über die Wüstenautobahn gelangt man in die Oasenstadt **✱✱Al-Ain** ❯ S. 115. Dort besichtigt man den **✱Hili Archeological Park** ❯ S. 117**,** das **✱✱Nationalmuseum** ❯ S. 116 und das **✱Sheikh Zayed Palace Museum** ❯ S. 117. Fahren Sie am späten Nachmittag auf den **✱Jebel Hafeet** ❯ S. 117 hinauf. Für die Übernachtung stehen mehrere gute Hotels zur Verfügung.

Am nächsten Morgen besuchen Sie den **✱✱Kamelmarkt** ❯ S. 118 in einem Außenbezirk nahe der omanischen Grenze. Vor allem mit Kindern lohnt auch noch ein Besuch des **✱Zoos** ❯ S. 116, der größte seiner Art im Nahen Osten, bevor Sie wieder nach Abu Dhabi zurückkehren.

Verkehrsmittel

Das Emirat Abu Dhabi verfügt über zwei internationale Flughäfen: einen nahe der Hauptstadt Abu Dhabi (viele internationale Fluglinien), und einen bei Al-Ain, der von der emiratseigenen Airline Etihad täglich bedient wird. Aufgrund der kurzen Distanz lohnt sich der Flug jedoch kaum.

Zwischen Abu Dhabi und Al-Ain bzw. Dubai verkehren stündlich Busse, daneben auch Sammeltaxen. Wer seinen eigenen »Fahrplan« gestalten möchte, leiht sich ein Auto oder bucht bei einem der vielen lokalen Veranstalter eine (Tages-)Tour.

Wichtige Adressen

■ **www.abudhabi.ae:** Die Emiratsregierung informiert auch über Öffnungszeiten von Museen, Ausstellungen u.ä.
■ **www.timeoutabudhabi.com:** Gute Website des gleichnamigen Magazins. Was findet wann wo statt – hier steht's drin! Auch Restaurant-Tipps!
■ **www.visitabudhabi.ae:** Informationen (auch in deutscher Sprache) über Konzerte, das Nachtleben und die neuesten Restaurants.

⊷11⊷
Auf die Insel Sir Bani Yas
Abu Dhabi ❯ Sir Bani Yas ❯ Abu Dhabi

⊷12⊷
Zu den Oasen von Liwa
Abu Dhabi ❯ Emirates National Auto Museum ❯ Madinat Sheikh Zayed ❯ Mezirah ❯ Asab ❯ Abu Dhabi

⊷13⊷
In die Gartenstadt Al-Ain
Abu Dhabi ❯ Al-Ain ❯ Abu Dhabi

⊷16⊷
Von Sharjah an die Ostküste ❯ S.147
Sharjah ❯ Sharjah Desert Park ❯ Dibba ❯ Badiyah ❯ Khor Fakkan ❯ Fujairah ❯ Sharjah

Vereinigte Arabische Emirate

N   0   100 km

A r a b i s c h e r

G o l f

Sir Bani Yas
2

Abu al-Abyadh

Ruweis

11   Tarif

Habshan   **12**

Ghayathi   Madinat Zayed

Umm al-Ashtan

Bu Hasa

Mezirah
Taraq
Umm Hisin
Aradah   L i W
3

S A U D I - A R A B I E N

Straße von Hormus

Halbinsel Kumza
Musandam

Bukha Khasab

2087
▲ Rus
al-Jibal
Rams OMAN Limah

Ras al-Khaimah Shimal
11 *Golf*

Khatt *von*

Umm al-Quwain **10** Bayah

Oman
Dibba Sharm
Ajman **9** Bidiyah
Sharjah **13** OMAN
8 Manama Khor
Dubai **16** Fakkan
6 Al-Dhaid
Al-Haba Masafi **16** **12** Fujairah
Mina Jebel Ali Kalba

Al-Haba

Masfut Shinas
Abjan **7**
Hatta

1461
Sweihan ▲
Jebel
Ghawil Al-Liwa

Umm an-Nar
Abu Dhabi **4** Buraimi
1 **11** **5**
Musaffah **Al-Ain**

Bani Yas **13**

12

11 *WESTLICHES HAJAR-GEBIRGE*

Jebel
Hafeet OMAN
■ **Emirates National**
Auto Museum

1655
▲

Yanqul
Dank

Asab Mazim

12 Mudaysis
Ibri
12
Shah
An-Nashash **VEREINIGTE** Nizwa,
ARABISCHE *Wadi Jifra* Leeres Viertel
a - O a s e n **EMIRATE** (Rub al-Khali)
Hamim
Lekhwair *Wadi Rofash*

Wadi Zibra

Unterwegs in Abu Dhabi

Die *Stadt Abu Dhabi ❶

Der plötzliche Reichtum durch die Erdölförderung ließ aus einer Siedlung ohne Kanalisation und Strom eine moderne Großstadt mit ca. 1 Mio. Einwohnern werden. Abu Dhabi ist die Hauptstadt der VAE.

**Scheich-Zayed-Moschee

Am östlichen Ende der Insel Abu Dhabi, weit außerhalb des Stadtzentrums, erstrahlt in weißem mazedonischem Marmor die größte Moschee der Emirate. Benannt nach dem Landesvater, dessen Mausoleum nebenan liegt, bietet sie 40 000 Gläubigen Platz.

Mit gleich drei Superlativen fand sie Eingang ins Guinnessbuch der Rekorde: Die Kuppel des Hauptdomes ist 85 Meter hoch. Darunter hängt der größte Kronleuchter der Welt, von Swarovski in Deutschland gefertigt – er misst 10 Meter im Durchmesser und ist 15 Meter hoch. Kurz vor der Nackenstarre senkt man den Blick zum Boden, denn dort breitet sich der größte handgearbeitete Perserteppich aus, 5000 m² groß und 47 Tonnen schwer.

Zwar keine Rekorde, aber dennoch beeindruckend sind weitere Daten der drittgrößten Moschee der Welt: Die vier Minarette ragen 104 Meter in den Himmel, 82 Kuppeln zieren das Bauwerk und aus den verbauten 33 000 m² Beton hätte man 1200 Einfamilienhäuser errichten können.

Für Nichtmuslime gibt es spezielle Besuchszeiten (So–Do 10 bis 11.30 Uhr), es darf fotografiert und gefilmt werden. Jeweils um 9 Uhr beginnt eine Führung (Anmeldung nötig, Tel. 02/ 444 04 00, zayedmosquetour@adta.ae).

Saadiyat- und Yas-Insel

Vieles ist noch Zukunftsmusik auf den beiden östlich des Stadtzentrums gelegenen Inseln, doch die erste mehrspurige Autobahnbrücke sowie spektakuläre Hotels sind bereits fertig. Auf Saadiyat entstehen bis 2012 u.a. die Dependancen von Louvre und Guggenheim-Museum. Auf Yas bewundern Rennsportfans die Formel-1-Strecke Yas Marina Circuit. Das Freizeitgelände Ferrari World – u.a. mit der schnellsten Achterbahn der Welt – folgt bald.

Falkenklinik

Dieses Vogelhospital nahe dem Flughafen behandelt edle Jagdvögel, darunter jene der königlichen Familie, mit modernster Technik. Während der Führung haben Gäste die Möglichkeit, einen der bis zu 100 000 Euro teuren Falken auf die Hand zu nehmen. Voranmeldung nötig! (Tel. 02/575 51 55, Sa–Do 10–12 Uhr).

Blick auf die moderne Skyline der Millionenstadt Abu Dhabi

Women's Handicraft Centre

Im Frauenhandarbeitszentrum in der al-Karamah Street, ebenfalls im Osten der Insel, wird gestickt, geklöppelt und gewebt, die Schneiderinnen nähen Burqas oder verzieren Kleider. Die Frauen sitzen in Räumen, die durch einen Arkadengang vor der Sonne geschützt sind. Im Innenhof befindet sich ein kleiner Garten. Im Ausstellungsraum können von den Frauen gefertigte Souvenirs erworben werden. Mit der Kamera sollte man rücksichtsvoll umgehen (tgl. 8–13 Uhr, Fr geschl.).

Al-Bateen ❶

Das Viertel Al-Bateen war einst Standort der alten Dhauwerften. Heute entsteht hier ein Wohn- und Urlaubsquartier mit Yachthafen, Golfplatz und Hotels. Das **Marina Al Bateen Resort** ist bereits fertig und bietet neben Pools und Fitnessräumen auch eine Tauchschule sowie Restaurants und Bars für Nachtschwärmer (www.marinaalbateen.com).

Emirates Palace Hotel ❷

Schon von Weitem erblickt man die prachtvolle Kuppel des **legendären Emirates Palace Hotel,** die so hoch ist, dass der Petersdom in Rom darunterpassen würde. Die Zimmer und Suiten sind äußerst luxuriös im orientalischen Stil ausgestattet, das Personal liest den betuchten Gästen jeden Wunsch von den Augen ab. Allein der Blumenschmuck des Hotels kostet monatlich 16 000 Euro – wogegen in die 8000 Palmen, die den 1,5 km langen weißen Strand säumen, nur einmal investiert werden musste. Besichtigen darf die Pracht allerdings nur, wer hier absteigt oder zum Dinner herkommt ❯ auch S. 113.

Das Heritage Village kann man auch vom Kamelrücken aus betrachten

Breakwater Island

Ursprünglich als Schutzwall für die Stadt aufgeschüttet, ist die Wellenbrecher-Insel zum beliebten Ziel abendlicher Erholungssuchender geworden. Von hier bietet sich ein prächtiger Blick auf die Skyline und das Superhotel Emirates Palace. Tagsüber ist es im **Heritage Village** Ⓒ zwar recht ruhig, Fotomotive finden sich aber allemal, z.B. die historischen Häuser mit Windtürmen oder die Barastihütten aus Palmwedeln. Mittwochs und donnerstags von 17 bis 21 Uhr ist richtig viel los, denn dann zeigt der Falkner seine Kunst. Wer möchte, kann einen Kamelritt buchen. Erholen kann man sich dann entweder im angeschlossenen Gartencafé oder im Havanna Café des Segelclubs.

Lulu Island Ⓓ

Vor allem am Wochenende kommen viele Einheimische auf die Insel, die nur per Boot zugänglich ist. Besucher können im Resort baden und das gastronomische Angebot der Restaurants, Cafés und Cafeterias genießen. Bootsanlegestelle: nahe Heritage Village, Eintritt für die Insel: 15 Dh., So–Mi 8–20, Fr, Sa bis 21 Uhr.

Die Corniche

Folgt man der breiten Corniche entlang der Bucht, bekommt man einen guten Eindruck von der Stadt, von ihren gläsernen Wolkenkratzern, ihren gepflegten Parks und Gartenanlagen, ihren Brunnen (die nur abends in Be-

Ⓐ Al-Bateen
Ⓑ Emirates Palace Hotel
Ⓒ Heritage Village
Ⓓ Lulu Island
Ⓔ Bainuna Tower
Ⓕ Ittihad Square
Ⓖ Festung Al-Husn
Ⓗ Cultural Foundation
Ⓘ Scheich-Zayed-Hafen

trieb genommen werden) und ihren vielen kleinen Moscheen, die geduckt zwischen den Hochhäusern stehen. Hier treffen sich abends auch die Einheimischen.

Der **Bainuna Tower** fällt schon durch seine blaue Glasfassade auf, hinter der sich im 31. Stock eine **Aussichtsplattform** verbirgt, die einen tollen Blick auf die Stadt bietet. An klaren Tagen sieht man auch die Minarette der Scheich-Zayed-Moschee am anderen Ende der Insel.

Ittihad Square ⒡

Mit seinen monumentalen Skulpturen, darunter eine Kaffeekanne und ein Weihrauchbrenner, erinnert der Platz an die Staatsgründung 1971. In seiner Umgebung finden sich nicht nur kleine Moscheen und ein Park, sondern auch der neue **Suq.** Doch sollte man keinen orientalischen Bazaar erwarten, vielmehr ein hochmodernes Einkaufs- und Wohnviertel mit Brunnen, Restaurants, Bars, Supermärkten und Hotels.

Festung Al-Husn ⒢

Beinahe winzig wirkt die ehemalige Herrscherresidenz angesichts der sie umgebenden Wolkenkratzer, und es ist kaum vorstellbar, dass sie bis vor wenigen Jahren das mächtigste Gebäude vor den Toren (!) der Stadt war. Auf alten Schwarz-Weiß-Fotos sieht man sie einsam im Sand stehen. Für Besucher steht leider nur der Innenhof offen, doch besonders am Nachmittag ist die Festung ein attraktives Fotomotiv.

Cultural Foundation ⒣

Im Kulturzentrum finden regelmäßig Veranstaltungen statt, eine sehenswerte Ausstellung zeigt Modelle und Fotografien aus dem Abu Dhabi der 1950er-Jahre. Im angeschlossenen »Delma's Cafe« erklingt Klaviermusik, es wird arabischer Kaffee serviert (www.adach.ae).

Scheich-Zayed-Hafen ⒤

Auch wenn man keinen Teppich kaufen möchte – es macht Spaß, die hochwertige Ware auf dem Teppichmarkt zu bewundern, mit den meist aus Afghanistan stammenden Händlern ins Gespräch zu kommen und eventuell einen Tee mit ihnen zu schlürfen. Nebenan, im **Iranian Suq**, werden Tongefäße und Glaswaren angeboten. An der Imbissbude auf dem Gelände kann man sich ein Sandwich besorgen und den Sonnenuntergang erwarten.

Info

Abu Dhabi Tourism Authority
Al Salam Street
Tel. 02/444 04 44
info@adta.ae
www.abudhabitourism.ae
So–Do 8–16 Uhr

Verkehr

■ **Abu Dhabi International Airport**
Tel. 02/575 75 00
www.dcaauh.gov.ae
35 km östl., Linienbusse alle 30 Min. in die Innenstadt (3 Dh.), Taxi ca. 60 Dh.
■ **Busbahnhof:** An der East Road südlich des Zentrums; Busse innerhalb des Emirates und nach Dubai und Oman.

Echt gut!

Eine große Auswahl an Teppichen findet man im Iranian Suq am Hafen

■ **Mietwagen:** Am Flughafen oder in der Stadt. Avis, **Tel. 02/632 37 60;** Budget, **Tel. 02/633 42 00;** Europcar, **Tel. 02/631 99 22.**

■ Da die Sehenswürdigkeiten weitläufig über die Stadt verteilt sind, nimmt man sich am besten ein kostengünstiges Taxi. Es gibt aber auch Linienbusse.

Hotels

■ **Emirates Palace Hotel**
Corniche Rd. West][**Tel. 02/690 90 00**
www.emiratespalace.com
Beschreibung ❭ S. 109. ●●●

■ **InterContinental Hotel**
Bainouna St.][**Tel. 02/666 68 88**
www.ichotelsgroup.com
Luxuriös ausgestattetes Haus am Jachthafen. Tennishalle und schöner Privatstrand samt Beachclub. ●●●

■ **Hilton**
Corniche Rd. West][**Tel. 02/681 19 00**
www.hilton.de/abudhabi
325 Luxuszimmer an der Corniche, zehn Bars und Restaurants, Shoppingarkade, Sport- und Beachclub. ●●●

■ **Le Meridien**
Tourist Club 1–2][**Tel. 02/644 66 66**
www.lemeridien.com
Glaspalast mit 264 großzügigen Zimmern. Schöne Poollandschaft und toller Wellnessbereich mit Hammam. ●●●

■ **Sheraton Abu Dhabi**
Corniche Rd. East][**Tel. 02/677 33 33**
www.sheraton.com
Kürzlich renoviertes Fünf-Sterne-Hotel mit eigenem Strandabschnitt, Wassersporteinrichtungen und hübscher Strandbar. ●●●

■ **Shangri-La Hotel**
Qaryat Al Beri][**Tel. 02/509 88 88**
www.shangri-la.com
Elegante und stilvolle Zimmer, schöner Blick auf die Scheich-Zayed-Moschee (❭ Coverfoto). ●●●

■ **The Yas Hotel**
auf der Saadiyat-Insel
Tel. 02/656 00 00
www.theyashotel.com
Luxushotel mit spektakulärer Dachkonstruktion. Die Formel-1-Rennstrecke führt unter dem Hotel hindurch. ●●●

■ **Al Diar Dana Hotel**
Tourist Club Area][**Tel. 02/645 60 00**
www.aldiarhotels.com
112 geräumige Zimmer mit kleiner
Küche. Coffee Shop, Pizzeria, Dach-
restaurant im 16. Stock. ●●

Restaurants

■ **Fishmarket**
im Hotel InterContinental,
Zayed I. St.][**Tel. 02/666 68 88.**
Seafood vom Feinsten an der hotel-
eigenen Marinaanlage. ●●●

■ **Al-Birkeh**
im Hotel Meridien, Tourist Club 1–2
Tel. 02/644 66 66
Libanesische Küche, Musik und
Unterhaltung. ●●●

■ **Al Safina Restaurant**
Breakwater Island][**Tel. 02/681 60 85**
Toller Blick auf die Skyline Abu Dhabis.
Arabische Küche und Seafood. ●●●

■ **Shuja Yacht**
Tel. 02/674 20 20
Echt gut! Nobles Dinner auf See (2,5 Std.), Ab-
fahrt um 20 Uhr am Breakwater. ●●●

■ **Rainbow Steakhouse**
Sheikh Hamdan bin Mohammed St.
Tel. 02/633 3434
Für Fans großer Fleischportionen. ●●
■ **Haveli**
Airport Road][**Tel. 02/632 14 48**
Indische Küche. ●
■ Außerdem gibt es überall in den
Straßen günstige kleine Restaurants.

Das Emirat
Abu Dhabi

Sir Bani Yas ❷

Die Insel mit ihren attraktiven
Stränden und dem gebirgigen
Hinterland ist die größte und derzeit einzige touristisch erschlossene der Desert Islands. Oryx-Antilopen, Strauße, Gazellen und
sogar Giraffen laufen hier frei herum und können auf einer »Safa-
ri« mit dem Geländewagen beob-
achtet werden. Auch Ballon- und
Helikopterflüge sind im Angebot.

Oryx-Antilopen wurden auf der Insel Sir Bani Yas angesiedelt

Auf der zweitgrößten Insel Delma wird derzeit noch gebaut. Zu den Desert Islands gehören weitere sechs Eilande, die unter dem Namen »Discovery Islands« ebenfalls in naher Zukunft über eine perfekte Infrastruktur verfügen werden (aktuelle Infos unter www.desertislands.com). Besuche von Sir Bani Yas müssen im Voraus gebucht werden.

Übrigens: Wer nur einen Tag Zeit hat, aber dennoch das Inselleben genießen möchte, kann bei Desert Islands einen **50-minütigen Flug mit dem Wasserflugzeug** buchen – ein tolles Erlebnis.

Hotels

■ **Desert Islands Resort & Spa**
Tel. 02/406 14 49
www.desertislands.com
Wunderschönes Luxusresort mit sehr geschmackvollen Zimmern, tollem Spa und fünf Restaurants. ●●●

■ **Danat Resort Jebel Dhanna**
an der Küste]\[Tel. 02/409 99 99
www.danathotelgroup.com
An der Westküste Abu Dhabis, 240 km von der Hauptstadt entfernt, liegt dieses schöne Domizil an einem 800 Meter langen privaten Sandstrand. ●●●

Liwa-Oasen 3

Der britische Forschungsreisende Wilfried Thesiger war 1947 der erste Europäer, der den Ursprungsort des Beduinenstammes Bani Yas Liwa am Rande des Leeren Viertels errichte. Heute demonstriert die Regierung von Abu Dhabi hier, dass die Wüste bezähmbar ist und dass aus Sanddünen Ackerland werden kann.

Auf den vielen Farmen werden Tomaten, Gurken, Auberginen und anderes Gemüse angebaut.

Die Dünen rund um Liwa sind ein beliebtes Ausflugsziel, um das Leben außerhalb der Großstadt Abu Dhabi kennenzulernen und einmal eine Nacht in der Wüste zu verbringen. Wer Letzteres nicht unbedingt möchte, findet in **Mezirah** ein gutes Hotel und in **Hamim** gar eine Luxusherberge. Die kleinen Oasen sind zwar kaum der Rede wert, aber es ist interessant zu sehen, wie man mit Hilfe moderner Bewässerungsmethoden selbst in der Wüste Obst und Gemüse anbauen kann. Der Kontrast zwischen den sattgrünen Obst- und Gemüsegärten und den Sandbergen ist besonders am Nachmittag wunderschön.

Hotel

■ **Qasr as-Sarab**
Hamim]\[Tel. 02/ 886 20 88
www.qasralsarab.anantara.com
Wer auch in der Wüste nicht auf erstklassigen Komfort verzichten möchte, genießt hier luxuriöse Zimmer, tolle Gastronomie und ein edles Spa. ●●●

■ **Liwa Hotel**
Mezirah]\[Tel. 02/882 20 00
liwahtl@emirates.net.ae
Das inmitten grüner Gärten gelegene Vier-Sterne-Hotel mit Pool bietet aufgrund seiner erhöhten Lage einen herrlichen Blick über die Sanddünen. ●●●

**Al-Ain 4

Die Oasenstadt (ca. 380 000 Einw.) an der Grenze zu Oman ist der am längsten durchgehend besiedelte Ort der VAE, wie Keramik-

Blick von Jebel Hafeet auf die Landschaft um Al-Ain

scherben aus dem 4. Jtsd. v.Chr. beweisen. In den 1950er- Jahren wurde um die Oase erbittert gekämpft – wegen des Erdöls. Berühmtester Sohn der Stadt ist Scheich Zayed, der bis 1966 als ihr Gouverneur fungierte und später als Präsident der VAE ihren Ausbau maßgeblich gestaltete. So eröffnete er 1977 die erste Universität des Emirates nicht in der Hauptstadt Abu Dhabi, sondern in Al-Ain. Heute ist Al-Ain eine attraktive Garten- und Universitätsstadt, die sich vor allem durch die Entwicklung neuer Bewässerungstechniken international einen Namen gemacht hat.

**Nationalmuseum

Nach dem Eintreten erblickt man zunächst einen mit Teppichen geschmückten Beduinendiwan, der einst der Bewirtung wichtiger Gäste vorbehalten war; heute

kommen hier auch Normalsterbliche in den Genuss einer Tasse arabischen Kaffees. Mit Hilfe lebensgroßer Puppen wird der Alltag in der Wüste vor dem Erdölboom dargestellt; daneben sind archäologische Funde zu sehen. Interessant ist die Sammlung von Geschenken ausländischer Staatsbesucher an Scheich Zayed, darunter ein Elefantenstoßzahn und präparierte Tiere (Sa, Do 9–19.30, So–Mi 8–14, 15.30– 17.30 Uhr).

*Zoo

Vor einigen Jahren wurde der größte Zoo des Nahen Ostens erweitert und verschönert, auch die veralteten Käfige riss man ab und ersetzte sie durch großzügige artgerechte Gehege. Neben den gängigen Tierpark- Attraktionen wie Löwen oder Tigern ist vor allem die Begegnung mit seltenen einheimischen Tieren interessant,

Al-Ain: Tierhändler auf dem Kamelmarkt

etwa der Oryx-Antilope oder dem Arabischen Leoparden. Alle 15 Minuten fährt vom Haupteingang die »Zebra-Bahn« zu einer Rundtour ab. (So–Fr 8 bis 17.30 Uhr).

*Sheikh Zayed Palace Museum

In der ehemaligen Residenz des Scheichs werden heute Objekte aus seinem persönlichen Besitz gezeigt, wie wertvolle Dolche oder die erste Staatskarosse – ein alter Landrover. Die Bezeichnung »Palast« ist für das eher einfache Haus etwas irreführend. Aber nach der Sanierung und Verschönerung des Innenhofes durch Bäume und Rasen strahlt es durchaus majestätische Würde aus (Sa–Do 9–19.30, Fr 15–19.30).

*Hili Archaeological Park

Die weitläufige Parkanlage liegt etwa 8 km nördlich des Zentrums. Herzstück ist eine Bestattungsanlage mit interessanten Mehrkammergräbern aus der Zeit um 2700 v.Chr. Die Gräber sind vom gleichen Typus wie jene, die man auf der Insel Umm an-Nar bei Abu Dhabi entdeckte (nicht öffentlich zugänglich). Ihr Inneres barg mehrere Skelette, was vermuten lässt, dass sie über einen längeren Zeitraum genutzt wurden. Aus den Knochen schlossen Forscher, dass die Menschen damals eine Lebenserwartung von 40 Jahren hatten und kaum über 1,72 m groß wurden. Viele der geborgenen Grabbeigaben sind im örtlichen Museum ausgestellt (Sa bis Do 16–23, Fr 10–23 Uhr).

*Jebel Hafeet

Etwa 1000 Meter ragt der höchste Berg des Landes auf. Besonders am Nachmittag drängen sich die Besucher auf der Aussichtsplattform mit Café und Restaurant, denn dann leuchten die weiten Dünenfelder im warmen Licht der untergehenden Sonne.

Im Al-Hilla-Fort

8 ****Kamelmarkt**

An der Grenze zu Oman, im Stadtteil Mazyad, ist der Kamelmarkt untergekommen. Besonders freitagmorgens ist hier viel los, wenn Händler durch die Gehege schlendern, um die Tiere eingehend zu begutachten. Aber auch unter der Woche lohnt der Besuch auf einem der größten Kamelmärkte Arabiens, auf dem neben Kamelbullen für die Zucht und Milchstuten bisweilen auch wertvolle Rennkamele gehandelt werden.

Hotels

■ **Al-Ain InterContinental**
Tel. 02/768 66 86
www.al-ain.uae.intercontinental.com.
Die komfortable Hotelanlage ist in einen Park eingebettet und bietet viele Sportmöglichkeiten, darunter zwei Pools, Tennisplätze, eine Golf Range und einen Reitstall. ●●●

■ **Mercure Grand Jebel Hafit**
Tel. 02/783 88 88][**www.mercure.com**
Tolle Lage am Berghang, drei Pools, zwei Restaurants und komfortable Zimmer, ca. 10 km vom Zentrum. ●●●

■ **Ain al-Faydah Resthouse**
Tel. 02/783 83 33][**Fax 783 89 00**
Einfaches Hotel mit 77 Zimmern, 20 km südlich der Stadt an einem kleinen See mit Bootsvermietung gelegen. ●

Restaurant

The Horse & Jockey
im Al-Ain InterContinental
Authentischer Pub, beliebt zum Abendessen. ●●

Ausflug nach Buraimi 5

Die grenznahe omanische Stadt Buraimi ist leider nicht ohne Pass- und Zollformalitäten zu besuchen (Ausreisegebühr, Einreisevisum). Dennoch lohnt sich der Ausflug, denn schlagartig ändern sich Atmosphäre und Architektur: In der Oase sind neben alten Lehmhäusern weitere traditionelle Strukturen erhalten geblieben.

Der **Suq von Buraimi** wirkt wesentlich ursprünglicher als sein Gegenstück in Al-Ain; hier kann man Silberschmuck, Henna und Stoffe kaufen. Hinter dem Markt ragt das **Al-Hilla-Fort** auf, ein ansehnliches Beispiel omanischer Festungsarchitektur. An den Suq grenzen schöne Gärten. Zwischen schattenspendenden Dattelpalmen und sanft plätschernden *falaj* fühlt man sich in vergangene Zeiten zurückversetzt.

Badeurlaub an der Küste Arabiens

Palmengesäumte Strände vor blaugrün schimmerndem Meer: Die VAE und Oman sind perfekte Badedestinationen. Die Hotelstrände sind meist auch Tagesbesuchern gegen ein geringes Entgelt zugänglich. Aus Rücksicht auf die Kultur der Gastgeber ist hüllenloses Baden absolut tabu!

Abu Dhabi

In der Stadt gibt es einige gute Strände und Badehotels; 240 km westlich wird derzeit die Inselgruppe **Desert Islands** zur luxuriösen Badedestination ausgebaut.

Dubai

Die Stadt Dubai ist mit ihren künstlichen Palmeninseln in aller Munde. Allein mit der ersten, **Palm Jumeirah,** sind gut 80 km Küste hinzugekommen, die mit feinsten Hotels ausgestattet sind.

Es gibt selbstverständlich auch »natürliche« Strände, so z.B. entlang der **Jumeirah Beach Road.**

Sharjah, Ras al-Khaimah und Fujairah

Auch Sharjah und seine Nachbarn bieten bereits etliche First-Class-Hotels; bald werden in Sharjah und Ras al-Khaimah neue Jachthäfen, Freizeitparks und Luxushotels entstehen. Das Emirat Fujairah schüttet derzeit ebenfalls eine künstliche Halbinsel auf.

Oman

Die besten touristisch erschlossenen Strände liegen in den Felsbuchten rund um **Masqat** und im Süden bei **Salalah.** Dazwischen erstrecken sich gut 1000 km Küste mit noch unberührten Traumstränden: Pläne für Hotels gibt es bereits, ein Flughafen ist im Bau.

119

Dubai

Nicht verpassen!

- Eine Tour mit dem Wassertaxi *(abra)* auf dem Dubai Creek am Nachmittag, wenn sich die Sonne in den Glasfassaden spiegelt
- Einen Spaziergang durch das wunderschöne Altstadtviertel Bastakia mit seinen Windtürmen, Galerien und Cafés
- Von der Aussichtsplattform des Burj Khalifa auf die Stadt blicken – aus 440 Meter Höhe
- Ein Abendessen in einem der Dachrestaurants in Madinat Jumeirah mit Blick auf die wechselnde Beleuchtung des berühmten Hotels Burj al-Arab
- Eine Tour in die Dünen bei Hatta

Zur Orientierung

Das zweitgrößte der Vereinigten Arabischen Emirate liegt zwischen der Küste und den westlichen Ausläufern des Hajar-Gebirges. Hier leben etwa 1,7 Millionen Menschen, die meisten davon in der Stadt Dubai.

Bis 2009 ging es in Dubai nur bergauf. Zwar versiegen langsam die Ölquellen, doch die Wirtschaft schien sich erfolgreich auf die neuen Zugpferde Handel, Tourismus und vor allem die Bauindustrie umgestellt zu haben. Es entstanden gigantische Wolkenkratzerviertel, Luxushotels, künstliche Inseln. Doch dann brach die globale Finanzkrise auch über Dubai herein. Zwar ist man zuversichtlich, sie bewältigen zu können, doch hinter einigen geplanten Projekten steht derzeit ein großes Fragezeichen. Schon die Fertigstellung des höchsten Gebäudes der Erde konnte nur mit finanzieller Hilfe aus Abu Dhabi abgeschlossen werden, weshalb der Turm nun Burj Khalifa heißt.

Im Gegensatz zu Abu Dhabi kann die **Stadt Dubai** 6 (ca. 1 Mio. Einw.) auf eine vergleichsweise lange Geschichte zurückblicken. Bereits um 2000 v.Chr. lebten die ersten Menschen an diesem Küstenabschnitt. Es dauerte allerdings bis ins 19. Jh., bevor sich Dubai von den anderen

Das »Segel« des Luxushotels Burj al Arab ist ein Wahrzeichen Dubais

unbedeutenden Fischerdörfern abzuheben begann: 1833 zog die heutige Herrscherfamilie der Al-Maktoum nach einem Streit mit den Al-Nahyan von Abu Dhabi nach Dubai. Ab 1902 entwickelte sich Dubai zur Handelsmetropole, sein Suq wurde zum größten des gesamten Arabischen Golfs. Mit dem Import vieler Waren, die man unter Umgehung zollrechtlicher Bestimmungen sogleich wieder nach Persien oder Indien exportierte, wurde der Grundstein für die heutige Bedeutung Dubais gelegt: als Handelszentrum der Emirate und, neben der Schweiz und Hongkong, einer der größten Goldmärkte der Welt.

In den 1960er-Jahren kam Dubai in den Genuss kuwaitischer Entwicklungsgelder, die es in den Ausbau des Creek und der Infrastruktur investierte. Der Handel blühte weiter, vor allem durch den Verkauf von Gold an indische Händler. Beinahe könnte man sagen, dass die ab 1966 verdienten Erdöldollars ein Nebenverdienst waren; sie bildeten jedoch den Grundstein für die heutige Entwicklung. All diese Einnahmen bescherten der Stadt ab 1970 einen sagenhaften Bauboom. Wolkenkratzer, ein Flughafen und der größte künstliche Hafen der Welt entstanden. Was damals gigantisch schien, wirkt jedoch fast überholt im Vergleich zur aktuellen Entwicklung. Dubai verändert

Die historischen Viertel Dubais liegen am Creek

nicht nur sein Gesicht – es schafft sich ein komplett neues.

Das alte Dubai liegt an einem Meeresarm, *creek* genannt, der die Stadt zweiteilt: in Bur Dubai und Deira. Um diese Viertel kennenzulernen, lassen Sie sich mit dem Taxi oder dem Shuttleservice Ihres Hotels zum Creek bringen. Besuchen Sie das Bastakia-Viertel von Bur Dubai und schlendern Sie über die Märkte von Deira.

In den frühen Morgenstunden erfreut man sich an der besonderen Atmosphäre – die Stadt erwacht, die Wassertaxis, *abras,* fahren geschäftig hin und her; am Nachmittag lässt die Sonne die Glasfassaden der am Wasser stehenden Wolkenkratzer in feurigem Rotorange erglühen. Am Abend leisten Ihnen viele Einheimische Gesellschaft, die in den Gassen, am Kai oder den Parkanlagen den Tag ausklingen lassen. Es gibt ein paar nette Restaurants,

auch auf umgebauten Schiffen, mit schönem Blick auf den Creek, zu empfehlen für eine Mittagspause oder ein Abendessen mit Blick auf die erleuchtete Skyline.

Die meisten Badehotels stehen im Freizeitviertel Jumeirah, nicht weit entfernt von Dubais spektakulären Neubauten: der Palmeninsel Jumeirah, der riesigen Skihalle, der Dubai Mall mit einem Aquarium, in dem man sogar tauchen kann und dem alles überragenden Burj Khalifa. Außer den Altstadtvierteln, die man gut zu Fuß erkunden kann, müssen Sie die meisten Sehenswürdigkeiten gezielt ansteuern.

Das **Emirat Dubai** besteht aber nicht nur aus der Stadt. Eine Oase am Fuß der Hajar-Gebirges, Hatta, knapp 100 km entfernt, ist ideal für einen Tagesausflug. Die Straße ist ausgezeichnet, unterwegs kommen Sie an einer schönen Sanddünenregion vorbei.

Touren durch **Dubai

Spaziergang durch Bur Dubai

> – ⑭ – **Sheikh Saeed al Maktoum House › *Heritage Village › *Diving Village › *Alter Suq › **Fahidi-Festung (Dubai Museum) › Große Moschee
>
> **Länge:** 1 Tag
> **Praktische Hinweise:** Bur Dubai lässt sich gut zu Fuß erkunden. Sowohl entlang des Creek als auch in den Gassen gibt es Restaurants für eine Mittagspause. Fragen Sie in Ihrem Hotel nach einem Shuttle-Service.

Bur Dubai erstreckt sich am Südwestufer des Creek und besteht aus den beiden historischen Vierteln Shindaga und Bastakia.

Shindaga

Das historische Herrscherviertel liegt dort, wo der Creek seine markante Kurve macht. Den Ort wählten die Maktoums nicht zufällig zu ihrem Sitz: Durch die Lage am Zugang zur Stadt demonstrierte die Familie ihre Macht über Dubai und die Kontrolle über seine Märkte.

**Sheikh Saeed al Maktoum House Ⓐ

Im ehemaligen Sheikh Saeed al Maktoum House dokumentiert eine umfangreiche Ausstellung die alten Zeiten, u. a. mit Schwarz-Weiß-Aufnahmen der Herrscher, Briefmarken, Münzen und Geldscheinen (Sa–Do 8–20.30, Fr 15 bis 21.30 Uhr).

*Heritage Village Ⓑ und *Diving Village

Lebendiger geht es direkt nebenan im Heritage Village und im Diving Village zu, besonders während des Dubai Shopping Festival. Hier finden sich dicht beieinander mehrere Restaurants, wo man auch nur einen Kaffee oder einen frischen Saft bestellen kann. Wer in Ruhe fotografieren möchte, sollte am Vormittag herkommen, dann sind meist weniger Menschen unterwegs.

Sinn und Zweck dieser kleinen »Dörfer« ist der Erhalt kunsthandwerklicher Fähigkeiten, die heute zwar nicht mehr populär sind, aber zur Tradition des Landes gehören wie die Kamele. Diese gibt es ebenfalls zu bewundern: im nachgestellten Beduinenlager. Die Geschäfte im **Heritage Village** sind das ganze Jahr über geöffnet und verkaufen allerlei Souvenirs.

Das **Diving Village** widmet sich der maritimen Tradition Dubais vom Fischfang bis zur Perlentaucherei. Interessant ist das kleine Aquarium in Halle 5, wo auch seltene Arten zu betrachten sind. Beide Sa–Do 8–22 Uhr, Fr 8–11 und 16–22 Uhr.

Bayt al-Wakeel **C**

Auf dem Weg zum Suq von Bur Dubai passiert man das historische »Haus des Beauftragten« am Ufer des Creek. 1934 errichtet, überließ es Scheich Rashid einer britischen Seehandelsgesellschaft als Verwaltungsgebäude. Von der Terrasse des heute hier ansässigen Restaurants hat man einen schönen Blick auf den Meeresarm.

Der *Suq **D**

Früher, als die Gassen im Suq noch mit Palmwedeln abgedeckt waren, hieß er seiner Bedeutung wegen großer Markt, *suq kabir*. Heute muss er zwar mit modernen Einkaufszentren wie dem nahen Burjuman Centre konkurrieren, doch seit seiner Restauration ist er wieder ein angenehmer Ort.

Geschnitzte Holzdächer sorgen für Schatten, durch Belüftungsöffnungen fällt das Sonnenlicht schräg in die Gassen und schafft eine fast behagliche Atmosphäre. Dazu tragen auch die Läden mit ihren Holztüren sowie die vielen bunten Stoffe bei, denn es sind hier hauptsächlich Textilhändler untergebracht. Von indischer Sei-

Die Gasse der Stoffhändler im Suq von Dubai

de über Baumwollstoffe bis zu Schweizer Batist werden alle erdenklichen Textilien angeboten.

Bastakia-Viertel

Gegen 15, 16 Uhr, wenn die Lichtverhältnisse am schönsten sind, spazieren Sie am Creek entlang ins Bastakia-Viertel. Es wurde von persischen Einwanderern gegrün-

det – Bastakia ist eine Region in ihrer Heimat –, die ihre Häuser mit sog. Windtürmen (*barjeel*) aus Korallenstein versahen, einer einfachen Form der Klimaanlage. Die Türme leiteten jeden noch so kleinen Windhauch in die darunter liegenden Räume und sorgten so für angenehme Temperaturen. Manchmal befand sich im Zimmer unter dem Turm noch ein Wasserbassin für einen zusätzlichen Erfrischungseffekt.

Die Häuser, ursprünglich von Händlerfamilien errichtet, waren bis weit in die 1990er-Jahre von Gastarbeitern bewohnt und verfielen immer mehr. Dann entdeckte man sie für den Tourismus, ließ sie sanieren und quartierte Restaurants, Galerien und das schöne **Bastakia Art Café** ein.

9 Fahidi-Festung mit **Dubai Museum** ⓔ

Aus dem Gassengewirr von Bastakia erhebt sich die schlichte Festung. Anfang des 19. Jhs. errichtet, ist sie das älteste Gebäude Dubais. Betritt man den Innenhof, fühlt man sich in eine andere Welt versetzt: Während vor den Mauern der Verkehr tobt, herrscht hier wunderbare Ruhe.

Bereits seit 1971 beherbergt die Festung das Dubai Museum. Im Hof befinden sich neben einigen alten arabischen Fischerbooten eine rekonstruierte Beduinenküche und Wohnräume, die noch so aussehen wie vor 40 Jahren.

Die Ausstellung beginnt mit der Fauna und Flora der Region, lässt die Besucher Meeresrauschen und Vogelstimmen hören, führt weiter über nachgebaute Läden und Werkstätten bis hin zu interessanten Exponaten, die den rasanten Wandel der letzten 45 Jahre dokumentieren (Sa–Do 8.30–20.30, Fr ab 14.30 Uhr).

Das von einem hohen Zaun umgebene weiße Gebäude nebenan ist der **Amtssitz des Emirs**. Im Gegensatz zu den meisten Neubauten der Stadt greift dieses Haus auf die traditionelle arabische Formensprache zurück.

Große Moschee ⓕ

Angesichts der Bauwut in Dubai lässt der Name »Große Moschee« einiges erwarten, doch hier handelt es sich nicht um ein neues Megaprojekt: Schon um 1900 stand an dieser Stelle ein erstes Gebetshaus, das nach 60 Jahren einem Neubau weichen musste. Das 70 m hohe Minarett ist weithin sichtbar und ein guter Orientierungspunkt. Betreten darf man die Moschee nicht.

Shopping-bummel in Deira

> – ⑮ – Ahmadiya-Schule ⟩ Heritage House ⟩ Alter Suq ⟩ Gewürzsuq ⟩ *Goldsuq ⟩ Baniyas Road

Länge: 1 Tag
Praktische Hinweise: Wenn Sie in einem der Hotels in Jumeirah wohnen, lassen Sie sich nach Bur Dubai fahren und nehmen Sie dann ein Wassertaxi hinüber nach Deira – das geht schnell, kostet nicht viel und ist ein ganz besonderes Erlebnis.

Nach Deira fährt man zum Einkaufen! Obwohl Dubai mit immer größeren Malls aufwartet und man in Deira gar nicht unbedingt alles bekommt – das Viertel ist voller Leben.

Do Buy!

Groß, größer, am größten

Nirgends sonst auf der Welt gibt es eine solch enorme Vielfalt an Einkaufsmöglichkeiten wie in Dubai. Seit Jahren eröffnet eine große Mall nach der anderen. Die Tourismusbehörde hat in allen erwähnten Malls Informationsbüros und erteilt Auskünfte über sämtliche Konsumtempel der Stadt. Zur Grundausstattung jeder Shoppingmall gehört eine große Auswahl an Cafés und Restaurants und – natürlich – an Geldautomaten.

Vorläufiger Höhepunkt des Mall-Booms ist die **Dubai Mall,** die mehr als doppelt so groß ist wie die Mall of the Emirates. Als Teil des Burj-Khalifa-Komplexes bietet sie auf einer Fläche von 50 Fußballfeldern Platz für etwa 1200 Geschäfte, dazu ein Aquarium über drei Etagen, einen Goldsuq und einen Musik-Springbrunnen.

Dank seiner Architektur und Lage verbreitet der **Suq al-Bahar** einen Hauch von altorientalischem Flair. Man erreicht ihn bequem zu Fuß von der Dubai Mall aus. Er liegt auf einer kleinen Insel im künstlichen Burj-Khalifa-See, an den Ufern gibt es charmante Cafés und Restaurants mit Blick auf das höchste Gebäude der Welt. Das Ladenangebot ähnelt jenem der anderen Malls.

Vielfalt ohne Grenzen

Zu den Shoppingmalls der ersten Generation zählt das **Al Wafi** in der Oud Metha Rd., und selbst wenn es »nur« 240 Geschäfte unter seinem pyramidenförmigen Dach vereint, sollten Sie vorbeischauen. Schon der bombastische Eingang in Form eines ägyptischen Tempels ist beeindruckend, innen setzt sich die Dekoration im Stil des Nillandes fort, und es

In der Ibn Battuta Mall

ßerhalb bei Jebel Ali und hat eine eigene Ausfahrt vom Emirates Highway. Benannt nach dem arabischen Weltreisenden, sind die Geschäfte im Stil vieler Länder gehalten, die Ibn Battuta im 13. Jh. besuchte. Auch das üppige Warenangebot ist international.

Erlebnis Einkauf

Nicht zu verfehlen ist die **Mall of the Emirates.** In dieser gigantischen Mall wurde das Konzept des Erlebniseinkaufs bis ins letzte Detail umgesetzt. In einer der vielen Hallen ist die Decke so beleuchtet und bemalt, dass man den Eindruck hat, unter dem abendlichen Himmel von Dubai zu stehen. Durch eine Glasscheibe kann man das Treiben im Ski Dubai beobachten, das in die Mall integriert ist. Von internationalen Luxusboutiquen bis zu Schmuck- oder Kerzenhändlern ist alles vertreten, und das gastronomische Angebot reicht einmal um die Erde.

gibt hier einige nach wie vor angesagte Szenetreffs.

Das **Deira City Center** (Garhoud Rd.) gehört schon in die Klasse der Megastores, wo die Qual der Wahl bedeutend größer wird. Armani und Konsorten sind hier ebenso vertreten wie namhafte Schmuckdesigner.

Eine der beliebtesten Einkaufsadressen ist das **Bur Juman Center** (Khalid Ibn Waleed Rd.), vielleicht wegen seiner luftigen Atmosphäre, zu der die große Fensterfront beiträgt. Wenn Sie noch ein Mitbringsel suchen: Bei »Bateel« im ersten Stock gibt es köstliche Datteln mit Mandelkern und Schokoladenüberzug.

Originell gestaltet ist das **Mercato** (Jumeirah Beach Road): Sein Interieur bewegt sich irgendwo zwischen mediterranem Mittelalter und Walt-Disney-Kulisse.

Die **Ibn Battuta Mall** liegt etwas au-

10 Dubai Shopping Festival

Klar, dass es in dieser Stadt sogar ein eigens kreiertes Festival zum Thema Einkaufen gibt: Während des Dubai Shopping Festival versprechen nicht nur die Geschäfte Tiefstpreise und tolle Gewinne bei Tombolas, auch das Rahmenprogramm – Theater, Konzerte, Feuerwerk und Lasershows – kann sich sehen lassen. Das »Global Village« im Süden der Stadt wurde eigens für das Festival erbaut, Nationen aus aller Welt präsentieren hier ihre kulturellen Schätze. Termine und Programm unter www.dubaishoppingfestival.com.

Deiras Straßen mit den vielen kleinen Geschäften sind schmal und – außer zur Mittagszeit zwischen 13 und 16 Uhr – mit Kleinlastern, Kinderwagen, Mopeds, Fußgängern und Lastenträgern chronisch verstopft.

Um nach Deira zu gelangen, überquert man den Creek per Wassertaxi, *abra* genannt. Das geschäftige Durcheinander der ständig an- und ablegenden, stets voll besetzten Holzboote wirkt auf den ersten Blick völlig chaotisch. Zu empfehlen ist eine Pause im kleinen Café bei der Wassertaxi-Station Sabkha, um das Treiben erst einmal in Ruhe zu beobachten.

Mieten Sie sich in den Abendstunden eine *abra* für **eine private Stadtrundfahrt auf dem Creek.** Der Preis ist Verhandlungssache und richtet sich nach der Fahrtdauer. Neben den etwas wackelig anmutenden *abras,* die in den nächsten Jahren durch umweltfreundlichere Boote ersetzt werden sollen, verkehren auf dem Creek auch **Wasserbusse.** Sie sind überdacht und dank der modernen Anlegestellen mit klimatisiertem Wartehäuschen auch für Behinderte zugänglich.

Alter Suq ⓖ, Gewürz- und *Goldsuq

Die Gassen des **Alten Suq** sind so schmal, dass kein Lieferant mit dem Laster oder Auto durchkommt. Alle Waren müssen per Lastenkarre hineinbugsiert werden, deshalb stapeln sich am Eingang unzählige Kartons, Kisten und Teppichrollen. Die Geschäfte im Eingangsbereich haben sich mittlerweile auf Souvenirs für Touristen spezialisiert.

Obwohl hier auch viele Dubai'in einkaufen, haben die Händler des unmittelbar benachbarten **Gewürzsuqs** ein paar Sätze in allen möglichen Sprachen parat, um ihren ausländischen Kunden über Hennapulver, Duftessenzen wie Weihrauch oder Myrrhe und Gewürze wie Muskat, Safran oder Curry Auskunft geben zu können. Die Geschäfte reihen sich in engen Gassen aneinander. Gefahr, sich hier zu verlaufen, besteht aber trotz des Gewirrs kaum: Die durch Quergässchen miteinander verbundenen vier Parallelstraßen bilden eine exotische, aber durchaus übersichtliche Welt des Handels.

Östlich neben dem Alten Suq erstreckt sich der ***Goldsuq.** Hier glitzert und glänzt es in jedem Schaufenster. Aus Limousinen mit getönten Scheiben steigen schwarz gekleidete Frauen, die in den Geschäften verschwinden.

Saubere Gesetze

Die Stadt Dubai versucht nicht nur durch den Einsatz moderner Vehikel, etwas gegen die Umweltverschmutzung zu tun. Sie hat auch strikte Gesetze zur Sauberkeit von Luft und Straßen beschlossen. Dazu gehören u.a. ein Rauchverbot in öffentlichen Gebäuden (auch Shopping Malls!) sowie Strafen für das Wegwerfen von Müll und für Ausspucken in der Öffentlichkeit.

Exotische Vielfalt: im Gewürzsuq

In den rund 700 klimatisierten Läden beidseits der überdachten Straße werden pro Jahr ca. 30 Tonnen des Edelmetalls verkauft.

Al-Ahmadiya-Schule Ⓗ und Heritage House

Diese beiden historischen Häuser führen in all dem Marktgeschehen ein Schattendasein, das sie nicht verdient haben. In der **Al-Ahmadiya-Schule** drückte seinerzeit Scheich Rashid bin Saeed zwar nicht die Schulbank, denn die Kinder saßen auf dem Boden. Aber seine Nachfolger sorgten trotzdem dafür, dass das Gebäude nicht nur erhalten, sondern in Form eines Schulmuseums zugänglich gemacht wurde.

Eng verbunden – nicht nur durch die räumliche Nachbarschaft – ist die Schule mit dem **Heritage House,** denn Scheich

Ahmed bin Mohammed stiftete Erstere und wohnte in Letzterem. Er war ein wohlhabender Perlenhändler und ließ seine Residenz wunderschön ausbauen, viele Details blieben auch nach der Sanierung erhalten (beide Sa–Do 8–19.30, Fr 14.30–19.30 Uhr).

Baniyas Road

Folgen Sie nun der Baniyas Road Richtung Westen entlang des Kais, wo die Schiffe be- und entladen werden, bis Sie vor den eindrucksvollen Neubauten am Ufer des Creek stehen. Die bläulich schimmernden **Twin Towers ❶**, zwei identische Türme mit Glasfassade, sind die neuen Wahrzeichen am Creek, mit Büros und Shoppingmall. Im westlichen Turm be-

Vom Creek in die Welt

Eine exotische Welt des Handels erlebt, wer auf der Baniyas Road am Ufer des Creek entlangschlendert. Überall liegen Dhaus vertäut. Es ist laut und geschäftig; Güter werden herbeigebracht oder abgeholt, und mit dem Geruch des Wassers vermischt sich der von Schweiß und Diesel. Auf den bauchigen Schiffen türmen sich die Waren in Kisten und Ballen – Sie werden sich wundern, wie viel auf so ein Schiff passt! Größere Güter wie Autos werden mit Kränen an Bord gehievt. Kleine, mit Kreide beschriftete Tafeln verkünden, wohin die nächste Fahrt geht: nach Bander Abbas, Bahrain, Aden, Bombay oder Sansibar.

Dubai wird durch den Meeresarm Creek geteilt, der weit ins Land reicht

findet sich in der dritten Etage ein Restaurant mit guter Sicht über den Creek.

Weiter die Straße hinauf trägt ein steinernes Kamel ein Schachbrett auf dem Rücken – zur Erinnerung an die Schach-Olympiade von 1986. Es steht gegenüber dem auffälligen Gebäude der Stadtverwaltung (Municipality). Am Ende der Straße ragt das Ensemble aus Sheraton Hotel, Handelskammer und Nationalbank, erkennbar an der segelförmigen Fassade, auf.

Jumeirah

Noch vor wenigen Jahrzehnten erstreckte sich im Südwesten Dubais ein leerer weißer Sandstrand, an dem einige Fischer ihre Boote liegen hatten. Doch dann bauten sich wohlhabende Dubai'in und Mitglieder der Maktoum-Familie großzügige, allein stehende Villen in Strandnähe. Damit begann der rasante Aufstieg Jumeirahs zu Dubais Freizeitviertel.

Zunächst entstand am Anfang der etwa 10 km langen, palmengesäumten Jumeirah Beach Road eine attraktive Moschee. Es folgten Einkaufszentren; Stadthotels richteten Strandclubs für ihre Gäste ein, Tauch-, Segel- und Surfschulen öffneten ihre Pforten. Die – vorläufige – Krönung des Ganzen ist das Sieben-Sterne-Hotel Burj al-Arab, ein weithin sichtbares Monument des Luxus in Form eines geblähten Segels.

Da es am Strand von Jumeirah bald zu eng wurde, ersann man Abhilfe: Künstliche Inseln mussten her. Drei dieser Projekte wurden in Form einer riesigen Palme konzipiert; die erste, Palm Jumeirah, ist bereits fertig, die anderen beiden folgen demnächst. Zahlungskräftigem Publikum vorbehalten ist »The World«: Hunderte Inseln stellen die Weltkarte dar.

Jumeirah

0   5 km

Ⓜ Metro

The World

Atlantis

The Palm Jumeirah Ⓝ

A r a b i a n

Sheraton Jumeirah Beach
Hilton Beach Jumeirah
Dubai International Marine Club
Al Sufouh Road
Dubai Marina Ⓜ Ⓜ
Sheikh Zayed Rd.

Media City Opera
Ⓜ American University
Ⓜ Dubai College
Palace of Al Maktoum
Madinat Jumeirah Ⓚ
Burj al-Arab
Wild Water Wadi Park
Ⓛ Jumeirah Beach Hotel
Umm Suqeim Garden
Dubai Offshore Sailing Club
Jumeirah
Road

Al Sufouh Road Ⓣ
Al Thanya Road
310
Al Manara Road
Al Wasl Road

GOLF COURSE
Emirates Golf Club
Police Training College
Desert Spring Village
Sheikh Zayed Road
JUMEIRAH BEACH
Ⓜ
Sheikh Zayed Road
ⓘ
319
315

Montgomery Golf Course
Mall of the Emirates Ⓠ
Ski Dubai
318
323
Road
Road

Jebel Ali Horse Racecourse
Al Barsha Road
Road

Emirates Ring Road

Al Khail Road

Sports City Future Extension
Autodrome

C O N S E R V A T I O N

Emirates Ring Road

Polo World

A R E A

Themed Hotels & Spa´s
Gardens of the World
Kids World

D U B A I L A N D
(i n B a u)

Global Village
Al-Sahra Desert Resort
Emirates Ring Road

J Jumeirah-Moschee
K Madinat Jumeirah
L Burj al-Arab
M Dubai Marina
N Palm Jumeirah
O Emirates Towers
P Burj Dubai
Q Ski Dubai
R Safa Park
S Jumeirah Beach Park
T Wild Wadi Water Park

Jede Insel repräsentiert in Fauna, Flora und Architektur den jeweilen Kontinent, desen Umrisse sie in den Arabischen Golf zeichnet.
> Special S. 145

*Jumeirah-Moschee

Ein Mast mit einer riesigen Flagge der Emirate am Eingang zur Jumeirah Beach Road weist den Weg zur Jumeirah-Moschee. Mit Platz für nur 1200 Gläubige fällt das 1975–1978 erbaute Gebetshaus aus elfenbeinfarbenem Kalkstein zwar relativ klein aus, doch dank seiner Architektur ist es dennoch sehenswert. Die Proportionen sind harmonisch, die beiden schlanken Minarette bilden einen dezenten Rahmen für die mächtige, aber nicht nach Dominanz heischende Kuppel.

 In der Jumeirah-Moschee ist eine **Innenbesichtigung** möglich, wenn auch nur donnerstags und sonntags um 10 Uhr morgens nach Voranmeldung (Tel. 04/353 66 66). Viel Wert legte man auf dekorative Details, wie die kalligrafischen Schriftzüge und filigranen Verzierungen der Fassade beweisen. Da sich in den Emiraten nie eine eigene Moscheenarchitektur entwickelt hat, orientierte man sich an der Kairoer Mohammed-Ali-Moschee. Die Innenausstattung ist schlichter als erwartet, nur der Kronleuchter erinnert an das prächtige Vorbild aus Ägypten.

**Madinat Jumeirah

Das arabische Wort Madinat bedeutet Stadt, und wenn man eine

Madinat Jumeirah – eine luxuriöse

Hotelanlage, die »nur« aus zwei Hotels besteht, als Stadt bezeichnet, steckt in Dubai garantiert mehr dahinter. Schon von Weitem sieht man die zahlreichen Windtürme, die die Anlage verzieren und die nachts von innen beleuchtet werden.

Zwischen den beiden Fünf-Sterne-Hotels > S. 141 erstreckt sich eine große Gartenanlage mit einem Wasserkanal, auf dem *abras* für die Hotelgäste verkehren. Hier befindet sich auch der im arabischen Stil gehaltene, für jedermann zugängliche **Suq.** Die Souvenirs in seinen Läden mögen etwas teurer sein als in Deira oder Bastakia, dafür ist die Ware aber auch exklusiver. Auf den Dächern der verschachtelt gebauten Marktgassen sind mehrere Restaurants untergebracht, und während man sein Dinner genießt, leuchtet das berühmte **Burj al-Arab Hotel**
> S. 141 in ständig wechselnden

Hotelstadt mit Gärten, Kanälen und Suq

Farben herüber. Für den Digestif stehen mehrere Bars offen, wo auch Livekonzerte verschiedenster Musikrichtungen stattfinden.

Dubai Marina

Die Marina ist ein Jachthafen, aber wer glaubt, er hätte von hier einen freien Blick aufs Meer, der hat Dubai noch nicht richtig verstanden. Da die Küste kaum Platz bot, wich man nämlich ins Landesinnere aus und baute kurzerhand einen Kanal, durch den die Segel- und Motorjachten das Meer erreichen. Die Marina soll in den nächsten Jahren noch vergrößert werden, doch schon jetzt erfreut sich die Freizeitanlage großer Beliebtheit, denn sie ist von einer luftigen Promenade durchzogen, an der Springbrunnen und Palmen sowie Restaurants und Cafés mit Sonnenschirmen selbst in der heißen Tageszeit Erfrischung versprechen.

Palm Jumeirah

Als erste der drei mit Spannung erwarteten Palmeninseln wurde die Jumeirah-Palme 2009 eröffnet. Zwar ist noch nicht alles fertig, einige Hochhäuser, Villen und Hotels warten noch auf Vollendung, aber die Strände sind aufgeschüttet, die ersten Sonnenschirme aufgestellt, und die eigens konzipierte Monorail fährt Touristen durch die neue Inselwelt.

Die Insel ist Teil eines Projekts, das der chinesischen Mauer Konkurrenz macht, denn die drei Palmen sind sogar aus dem All sichtbar. Modernste Wohnanlagen, darunter eine Apartmentanlage auf Stelzen im Meer, stehen den Dubai'in zur Verfügung, für Touristen gibt es luxuriöse Hotels und ein Freizeitangebot sondersgleichen, z.B. im riesigen Resort »Atlantis« an der Spitze der Palme.

Viel Prominenz aus aller Welt hat sich hier einen Platz an der

135

Sonne ergattert, doch die Reichen und Berühmten werden Sie wohl kaum zu Gesicht bekommen – denn die Zufahrten zu den Wohn- und Villenvierteln auf den Palmenzweigen werden von Wachpersonal kontrolliert.

Eigentlich sollte auch ein berühmter Oceanliner an der Palme einen ewigen Ankerplatz erhalten, die QE II. Das Schiff wurde 2008 gekauft und sollte zur schwimmenden Luxusherberge umgebaut werden, doch fielen diese Pläne vorerst der Finanzkrise zum Opfer. Vorerst dümpelt das im Schiff im Port Rashid einem ungewissen Schicksal entgegen.

Auch um die Insel herum entsteht Unglaubliches: Die berühmtesten Tauchreviere der Erde, darunter das Great Barrier Reef, will man hier haben, bescheidenerweise aber »nur« als Nachbau. Wer die künstlichen Unterwasserwelten erforscht, kann auch gleich noch nach Schätzen tauchen: In einem bestimmten Areal werden Goldbarren versteckt – wer sie findet, darf sie behalten.

Durch die neue Insel erhält Dubai 80 km zusätzlichen Sandstrand. Das Baumaterial für die Inselaufschüttung (100 Mio. m³ Gestein und Sand) würde als 2 m hohe und 0,5 m breite Mauer dreimal um die Erde reichen!

Sheikh Zayed Road

Zum Pflichtprogramm für Liebhaber moderner Architektur hat sich die Sheikh Zayed Road entwickelt. Hier durften in den letzten Jahren Architekten aus aller Welt ihre Fantasien in Stahl und Glas ausleben.

Emirates Towers ⓞ

Zu den eindrucksvollsten Gebäuden zählen die beiden Hochhaustürme am Ende der Straße, 309 m (Hotel Tower) bzw. 354 m (Office Tower) hoch. Im 51. Stock des Hotel Tower trifft man sich in

Die Sheikh Zayed Road ist bekannt für ihre moderne Architektur

Vu's Bar und genießt den überwältigenden Ausblick (z.B. zum Sonnenuntergang), um anschließend eine Etage tiefer in **Vu's Restaurant** zu dinieren ❯ S. 142.

Unweit von hier steht der höchste Wolkenkratzer der Welt, **Burj Khalifa** ❼ ❯ S. 144. Zu dem Komplex gehören die Dubai Mall ❯ S. 127 und die neue Downtown Dubai ❯ S. 144.

Ski Dubai ❽

Ski und Rodel gut in einer der heißesten Regionen der Erde: Wo, wenn nicht in Dubai! Angeschlossen an den Einkaufstempel Mall of the Emirates können in der Halle von Ski Dubai mit 400 m langer Piste 1500 Menschen bei –1°C Wintersport treiben (Sa–Di 10–23, Mi–Fr 10 bis 24 Uhr). ❯ auch S. 23.

Öffentliche Strände und (Freizeit-)Parks

Wenn man die Schlagzeilen über Dubai verfolgt, könnte man meinen, die ganze Stadt sei zubetoniert. Doch weit gefehlt: Fast jedes Stadtviertel verfügt über Grünanlagen, an der Küste gibt es schöne öffentliche Strände mit Kiosken, Liegestühlen und Duschen, und etliche Freizeitparks bieten Erholung und Spaß.

Creekside Park

Im größten Freizeitpark im Stadtgebiet ist besonders an den Wochenenden und Feiertagen sehr viel los, denn dann kommen Einheimische und Gastarbeiter zum Lustwandeln, Grillen und Spielen, oder sie schauen sich aus der 2,5 km langen Gondelbahn den Creek von oben an. Die Aussicht ist aber auch von unten toll, denn auf der anderen Creekseite liegt z.B. das markante, strahlend weiße Clubhaus des Creek Golf & Yacht Club: Es erinnert an das aufgeblähte Segel einer Dhau.

Der Park ist riesig, deshalb sollte man sich am Eingang Nr. 2 ein Pedalvehikel mit Sonnendach mieten oder an Eingang Nr. 8 die Bimmelbahn besteigen: Sie fährt zu allen Attraktionen des Parks wie dem interaktiven Wissenschaftsmuseum **Children City** oder dem **Dubai Dolphinarium.** In letzterem finden Shows statt und man kann mit den Meeressäugern schwimmen gehen – Tierschützer sind davon nicht begeistert. Der Park ist tgl. 8–23 Uhr geöffnet.

Safa Park ❾

Wer sich einfach nur mal auf einem grünen Rasen ausstrecken möchte, der findet im Safa Park ein Plätzchen im Schatten der Bäume. Mit viel Fantasie fühlt man sich an den New Yorker Central Park erinnert, denn hinter den Bäumen lugen die Wolkenkratzer der Sheikh Zayed Road hervor. Am Eingang gibt es einen Kiosk mit Erfrischungen und Sandwiches, weiter hinten im Park liegt ein kleiner See mit Tretbootverleih (tgl. 8–23 Uhr, Di nur Frauen und Kinder).

Rutschvergnügen im Wild Wadi Water Park

Jumeirah Beach Park ⑤

Der Strandpark mit palmenbestandenen Stränden, Rasenflächen, Grillplätzen, Strandliegen und Restaurant ist am Wochenende meistens ziemlich voll. Dennoch finden auch Spätaufsteher noch Platz (tgl. 8–23 Uhr, Sa nur Frauen und Kinder).

Wild Wadi Water Park ⑦

Sehr viel spektakulärer ist der Wild Wadi Water Park in Jumeirah mit mehr als 20 Wasserrutschen, Schwimmbecken und einem künstlichen Wasserfall. Eine der Rutschen ist 33 m hoch und nennt sich »Die Furchteinflößen-

de«: Angeblich erreicht man kurzzeitig eine Geschwindigkeit von 80 km/h! Gemütlicher geht es in den großen Schlauchbooten zu, in die ganze Familien passen. Einfach nur baden kann man natürlich auch. Für Kinder gibt es eine künstliche Felslandschaft mit Schiffswrack zu erkunden (je nach Jahreszeit 11–18, 19 oder 21 Uhr, Do nur Frauen, Eintritt 140 Dhs., Kinder 120 Dhs.).

Mamzar Beach Park

Östlich der Stadt, an der Grenze zum Emirat Sharjah, liegt dieser schöne Park. Er erstreckt sich auf einer lang gezogenen Halbinsel und ist für Kinder gut geeignet,

Rennspaß im Dubai Autodrome

denn vor dem Strand liegen Wellenbrecher. Restaurant, Kioske und Pools verteilen sich in der weitläufigen Grünanlage. In der Lagune, die mit zum Gelände gehört, kann man tageweise Chalets mit Grillplatz mieten und am Wochenende Jetski, Segelboote oder Surfbretter leihen (tgl. 8–23 Uhr, Mi nur Frauen und Kinder).

Dubailand

Die Finanzkrise hat zwar manch ehrgeiziges Projekt dieses großen Freizeitparks vorerst gestoppt, dennoch kann man hier schon was erleben, z.B. im **Dubai Autodrome,** einer Formel-1-tauglichen Rennstrecke, auf der auch internationale Rennen ausgetragen werden. Sind gerade keine Champions unterwegs, können Besucher in schnellen Tourenwagen selbst auf die Jagd nach Sekunden gehen. Die Race & Driving-Schule (Tel. 04/367 87 00) vermietet die Wagen und gibt Tipps, wie Sie unbeschadet über den anspruchsvollen Parcours kommen.

Das **Al Sahra Desert Resort** erinnert in seiner Architektur an das alte Arabien und ist vor allem ein Freizeitgelände für Familien. Besonders empfehlenswert ist die Theatershow »Jumana – secret of the desert«, die allabendlich im 2500 Zuschauer fassenden Amphitheater eine Geschichte auf die Bühne zaubert – mit Feuerwerk, Musik und Tanz.

Info

■ **Dubai Tourism**
13th Floor
National Bank of Dubai Building
Baniyas Road][**Deira**
Tel. 04/223 00 00
www.dubaitourism.ae
Filialen am Flughafen sowie in den großen Shoppingmalls.
■ **www.dubaitourism.ae:** Mehrsprachige Website des DTCM (Departement

Fantastische Aussicht im stylischen Vu's Restaurant

of Tourism and Commerce Marketing), u.a. Verzeichnis der Infostellen in Dubai (am Flughafen und in verschiedenen Einkaufszentren).

■ **www.dubai-city.de:** Sehr informative deutschsprachige Website.

■ **www.uaeinteract.com:** Englische Website zum aktuellen Geschehen, die auch über den Tellerrand Dubais hinausschaut.

Verkehr

■ **Dubai International Airport**
(10 km südöstlich vom Zentrum). Bus Nr. 4, 11, 15 alle 30 Min. nach Deira, 1 Dh.; Taxi ca. 30 Dh.; **Tel. 04/ 224 55 55, www.dubaiairport.com.** Dubai International Airport ist der größte Flughafen des Nahen Ostens. Doch trotz dreifachen Ausbaus ist seine Kapazität begrenzt, deshalb eröffnete 2010 ein zweiter (derzeit nur Fracht): Der **Al-Maktoum-Flughafen** im Süden soll ab 2017, wenn alle geplanten Terminals und die fünf Startbahnen

fertiggestellt sind, der größte Airport der Welt sein.

■ **Mietwagen:** Am Flughafen oder in der Stadt. **Avis, Tel. 04/295 71 21; Budget, Tel. 04/224 51 92; Europcar, Tel. 04/352 00 33; Hertz, Tel. 04/282 44 22.**

Dubai hat ein massives Verkehrsproblem, da jeder überallhin mit dem Auto fährt. Abhilfe sollen neue Transportmittel schaffen. Dazu gehört die 2009 eröffnete **Metro**, die vollautomatisch, sprich ohne Fahrer, quer durch Dubai fährt, und das sehr günstig. Zur derzeit operierenden roten Linie soll Ende 2010 die grüne hinzukommen. Auf der Jumeirah-Palmeninsel verkehrt eine **Monorail**, die den Gast von der Küste bis zur Palmenspitze chauffiert und mit der Metro verbunden ist. Geplant ist darüber hinaus eine **Straßenbahn**, die ab 2011 zwischen Madinat Jumeirah und Dubai Marina verkehren soll. Die Strandhotels in Jumeirah bieten **Shuttlebusse** zum Creek an, ansonsten

gibt es jede Menge Taxis – übrigens auch mit weiblichen Fahrern nur für Frauen (Pink Taxis, Tel. 208 08 08)! In naher Zukunft sollen Schnellboote die Metropolen der Emirate verbinden, als langfristiges Projekt soll sogar eine Eisenbahn die gesamte Arabische Halbinsel vernetzen.

Hotels

■ **Burj al-Arab**
Jumeirah Beach Rd.][**Jumeirah**
Tel. 04/301 77 77
www.jumeirah.com
Luxus pur und edles Design mit viel Blattgold, riesigen Aquarien und Spa-Landschaft im ersten 7-Sterne-Haus der Welt. Das Restaurant Al Muntaha (eines von insgesamt acht) in 200 m Höhe ist ein Muss. Nicht-Hotelgäste dürfen nur mit Restaurant-Reservierung hinein. ❯ auch S. 144 ●●●

■ **Madinat Jumeirah**
Al-Sufouh Rd.][**Jumeirah**
Tel. 04/366 88 88
www.jumeirah.com

In der Hotelstadt haben Sie die Wahl zwischen den 5-Sterne-Hotels »Al Qasr« und »Mina A'Salam« sowie 29 einzeln stehenden Sommerhäusern. Die Anlage mit 1 km langem Privatstrand lässt keine Wünsche offen. ●●●

■ **Radisson Blu Deira Creek**
Bani Yas Rd.][**Deira**
Tel. 04/222 71 71
www.radissonblu.com
Direkt am Creek und hervorragend ausgestattet: Ladenpassage, neun Spezialitäten-Restaurants und diverse Bars. ●●●

■ **Marriott**
Abu Bakr Siddique Rd.][**Hor al Anz**
Tel. 04/262 44 44
www.marriott.com
Architektonisch äußerst attraktiver Bau in einem eleganten Viertel. Geräumige Studios; sehr schöner Pool auf dem Dach. ●●●

■ **Sheraton Dubai Hotel & Towers**
Bani Yas Rd.][**Deira**
Tel. 04/228 11 11
www.sheraton.com
Renovierte Zimmer mit Blick über den Creek; neu gestaltete Atrium-Lobby. Günstige Fees im nahe gelegenen Golfklub. ●●●

■ **Metropolitan Palace Hotel**
Abu Dhabi Road
(beim World Trade Center)
Tel. 04/227 00 00
www.methotels.com/metpalace
Das elegante Hotel vereint arabische, europäische und fernöstliche Elemente harmonisch miteinander. Großzügige Shoppingarkade, hübscher Pool auf dem Dach. ●●

■ **St. George Hotel**
in Deira am Creek, Ecke Al Ras St.
Tel. 04/225 11 22
www.stgeorgedubai.ae

141

Einige Zimmer mit schönem Blick über den Creek, geräumige Zimmer, Café in der Lobby. ●●

■ **Golden Sea Hotel**

Tel. 04/225 85 55

In Deira nahe dem Goldsuq, trotzdem einigermaßen ruhig, einfache, aber saubere Zimmer. ●

Restaurants

Da hier nur einige Restaurants aufgeführt werden können, sollte man sich den kostenlosen **Official Pocket Guide** bei der Touristenbehörde besorgen, der Restaurants, Cafés und Bars auflistet.

■ **Aquarium**

Dubai Golf & Yacht Club

Tel. 04/295 60 61

Vorzügliche Fisch- und Meeresfrüchtegerichte im Clubhaus. ●●●

■ **Vu's Restaurant**

im 50. Stock der Emirates Towers

Tel. 04/319 80 88

 Echt gut!

Die exquisiten internationalen Gerichte sind ein Gaumenschmaus, die Augen erfreuen sich am herrlichen Ausblick. Reservieren! ●●●

■ **Local House**

Bastakia-Viertel][**Tel. 050/774 62 07**

Kleines ruhiges Lokal mit einheimischer Küche in historischem Ambiente. ●●

■ **Café de Paris**

Satwa High St.][**Tel. 04/345 14 18**

Café im Bistrostil mit preiswerten arabischen Snacks und gutem französischen Frühstück. ●●

■ **Al Khaima**

im Le Royal Meridien Beach Hotel

Tel. 04/399 55 55

Ausgezeichnete arabische Küche. ●●

■ **Al-Boom Tourist Village**

Tel. 04/324 14 44

Kleine Imbissbuden und Restaurants, darunter das Al-Areesh mit arabischer und das Mumtaz mit indischer Küche. Mehrere Dhaus bieten tgl. um 14 und 20.30 Uhr Lunch- bzw. Dinnerfahrten an (vorwiegend Fischgerichte). ●●

■ **Pars**

Al-Satwa-Kreisverkehr

Tel. 04/345 44 44

Iranische Küche in orientalischem Ambiente. ●

Dubai Duty Free

Die Entwicklung des Dubaier Flughafens vom unbedeutenden Zwischenlandeplatz auf dem Weg nach Asien zum international renommierten Airport ist wohl wesentlich dem unvergleichlichen Angebot an zollfreien Waren zu verdanken. In der Duty Free Zone gibt es nichts, was es nicht gibt – und das in hochwertiger Qualität zu unschlagbaren Preisen. Besonders begehrt sind Elektronikartikel. Die neuesten Handys oder Digitalkameras sind hier längst im Angebot, während man in Europa noch auf die ersten Lieferungen wartet. Eine zusätzliche Attraktion sind die regelmäßig stattfindenden Gewinnspiele.

Die wachsende Zahl von Kauflustigen machte einen Ausbau unumgänglich, und so wurden zusätzliche Einkaufshallen (und Abfertigungsschalter) geschaffen, sodass inzwischen auf ca. 9000m² abgeflogen und eingekauft werden kann. Nicht genug? Im Juni 2010 eröffnete der erste Abschnitt des neuen Al-Maktoum-Flughafens – und ein Duty Free wird folgen …

Ausflug nach Hatta 7

Hatta Pools

Wer sich weniger für »höchstes«, »größtes« oder »teuerstes«, sondern vielmehr für die simple Schönheit der Natur begeistert, der sollte einen Tag nach Hatta fahren, entweder mit dem Pkw oder – interessanter – mit dem Geländewagen. Dann können Sie z.B. auf der nur 100 km langen Strecke an der **Hatta-Düne** nicht nur eine kurze Rast einlegen, sondern einen Abstecher in das schöne Wüstengebiet unternehmen. Die Düne ist allerdings von Fahrzeugspuren zerpflügt, denn hier testen Fahrer aus aller Welt ihr Können. Wenn Sie es selbst probieren möchten und ohne 4WD unterwegs sind, können Sie sich ein Quadbike mieten (Al Qudra Motor Cycle Rental, Tel. 050/ 631 19 92), dies ist allerdings nicht ganz ungefährlich ❯ S. 23.

Wegen des angenehmen Klimas in gut 1000 m Höhe erfreut sich die **Bergoase Hatta** auch bei den Einheimischen großer Beliebtheit. Manch einer hat hier sein Wochenendhäuschen am Rand der Berge stehen.

Zu den Naturschönheiten der Umgebung gehören die **Hatta Pools.** In einem nahen Wadi, das mit dem Pkw zu erreichen ist, wusch der Regen große Löcher in das Bodengestein, in denen sich das klare Wasser sammelt und zu einem erfrischenden Bad einlädt.

Auf dem Weg zu den Pools kommt man am **Heritage Village** vorbei. Das ehemalige Dorf wurde nicht einfach wieder aufgebaut: Durch lebendig nachgestellte Alltagsszenen erschließt sich dem Besucher das harte Leben der Vergangenheit. Sogar die Bewässerungskanäle ließ man instandsetzen, damit sie wieder Wasser in die umliegenden Palmengärten bringen.

Nebenan ragen die Zinnen der ältesten Festung des Emirates über die Wipfel.

Hotel/Restaurant

Im **Hatta Fort Hotel** können Sie eine Mittagsrast einlegen, sich im Pool abkühlen oder Minigolf spielen. Am Wochenende ist es meist gut besucht! Tel. 04/852 32 11.

143

Steinsegel und künstliche Palmen

Wer nach Dubai reist, um das alte Arabien zu erleben, muss auf Museen ausweichen. Dubai ist seiner Zeit voraus; eindrucksvoll führen die Dubai'in mit modernster Architektur vor, was man mit viel Geld und Platz erreichen kann. Auch im Nachbarstaat Oman ist das erste zukunftsweisende Großprojekt eröffnet worden.

Burj al Arab

Für Aufsehen sorgte das erste Sieben-Sterne-Hotel der Welt (> auch S. 141). Das 321 m hohe segelförmige Bauwerk thront auf einer künstlichen Insel am Jumeirah Beach. Die Zimmer sind so groß wie anderswo nicht einmal die Suiten, der beispiellose Komfort rechtfertigt Preise von 900 US-$ pro Nacht. Doch selbst wenn das Haus die nächsten 50 Jahre ausgebucht sein sollte, hätten sich die Baukosten noch nicht amortisiert! Die Lobby reicht bis unters Dach des Hotels und ist damit die höchste der Welt. Der Eiffelturm fände bequem darin Platz! Das größte »Zimmer«, die Königssuite, misst 780 m² und kostet 15000 US-$ pro Nacht – ohne Frühstück, dafür mit eigenem Butler.

Burj Khalifa und Downtown Dubai

Am 4. Januar 2010 eröffnete Scheich Maktoum das mit 828 Metern höchste Gebäude der Erde mit einem spektakulären Feuerwerk. Dabei verkündete er auch den neuen Namen des eigentlich als Burj Dubai geplanten Superwolkenkratzers: Burj Khalifa, nach dem Präsidenten der VAE und Herrscher des Emirats Abu Dhabi, Scheich Khalifa. Dieser hatte mit einer üppigen Finanzspritze die Fertigstellung des Prestigeobjektes ermöglicht.

Der Turm bietet 12 000 Menschen Platz zum Wohnen, Arbeiten und Erholen – letzteres z.B. in den Zimmern des weltweit ersten Armani Hotel. Ein wenig Vertrauen in die Technik braucht, wer auf die 440 Meter hohe Aussichtsplattform möchte – der Fahrstuhl fiel schon wiederholt aus (So–Mi 10–22, Do–Sa 10–24 Uhr, www.burjkhalifa.ae)

Rund um den Turm entstand Downtown Dubai, ein Wohn-, Ausgeh- und Einkaufsviertel an den Ufern eines künstlichen Sees. Zwischen 18 und 22 Uhr begeistert der Dubai Fountain mit 275 Meter hohen, mit Musik untermalten und effektvoll illuminierten Wasserspielen.

The World und The Universe

In Form einer Weltkugel liegen über 200 Inseln vor der Küste Dubais und warten auf Bebauung. Die meisten werden von Privatleuten genutzt – Michael Schumacher bekam eine geschenkt –, auf den anderen sollten Attraktionen wie ein afrikanischer Dschungel und ein arktischer Zoo (!) Platz finden. Das auf vielen Landkarten bereits eingezeichnete Projekt The Universe wurde aufgrund von Finanzproblemen vorerst gestoppt.

Dubailand

Der Name des riesigen Vergnügungsparks, der zwischen 2015 und 2020 fertig sein soll, wirkt beinahe bescheiden – aber was

hier auf einem Gebiet doppelt so groß wie Disney World in Florida entsteht, toppt so ziemlich alles, was bisher zum Thema Freizeitpark gesagt oder auch nur gedacht wurde. Die Sieben Weltwunder, ein von Tiger Woods geplantes Golfresort, eine Dinosaurierwelt und die größte Shoppingmall der Erde sollen hier entstehen (❯ S. 139, www.dubailand.ae).

Eine Welle für Oman

Oman hat sich dem Bauwahnsinn angeschlossen. Nachdem 2006 das aus drei Nobelherbergen – durch 6000 m² Poolfläche und einen 500 m langen Wasserkanal miteinander verbunden – bestehende **Shangri-La's Barr al-Jissah Resort & Spa** ❯ S. 60 öffnete, will man auch hier mehr. Nahe dem Flughafen Masqat entsteht das Freizeitviertel »The Wave« – die Welle, nur wenige Kilometer weiter eine ganze Stadt. **Madinat az-Zarka,** die blaue Stadt, heißt das ehrgeizige Projekt ❯ S. 70.

Sharjah und seine kleinen Nachbaremirate

Nicht verpassen!

- Einen Spaziergang durch die Heritage Area in Sharjah mit ihren Museen
- Einen Bummel über den Fischmarkt in den frühen Morgenstunden
- Einen Besuch in der ältesten Moschee der VAE in Badiyah
- Die friedlichen Bullenkämpfe am Freitag in Fujairah

Zur Orientierung

Auf der Landkarte macht das Emirat Sharjah einen zerrissenen Eindruck. Seine gleichnamige Hauptstadt und der Küstenabschnitt al-Hamriya, der eine intensive touristische Entwicklung erfahren soll, erstrecken sich am Arabischen Golf. Die drei kleinen Exklaven Dibba Hisn, Khor Fakkan und Kalba hingegen, populäre Badeziele, liegen am Golf von Oman. Die Stadt Sharjah präsentiert sich in modernem Gewand mit vielen kulturellen Highlights.

Im Norden schließen sich drei weitere kleine Emirate an, Ajman, Umm al-Quwain sowie Ras al-Khaimah. Als einziges Emirat liegt Fujairah komplett an der Ostküste, am Golf von Oman. Die vier Scheichtümer verfügen kaum über Bodenschätze, weshalb sie sich auf die Entwicklung des Tourismus konzentrieren. Auch hier entstehen künstliche Inseln, Jachthäfen und Hotels der oberen Kategorie. Die jeweiligen Hauptstädte verfügen über Einkaufszentren, (Wasser-)Sportangebote und Heimatmuseen. In Ras al-Khaimah kann man schöne Wadis per Geländewagen und zu Fuß erkunden; die Ostküste ist als Tauchrevier bekannt. Wenn Sie einen reinen Erholungsurlaub planen, sollten Sie sich die dortigen Hotels ruhig genauer anschauen.

Skulptur des aufgeschlagenen Korans in der Arts Area

Tour in der Region

Von Sharjah an die Ostküste

━⑯━ Sharjah › Sharjah Desert Park › Dibba › Badiyah › Khor Fakkan › Fujairah › Sharjah

Länge: 1 Tag, 280 km
Praktische Hinweise: Die Tour ist dank guter Beschilderung problemlos per Mietauto möglich. Sie wird auch von Agenturen vor Ort angeboten, allerdings meist ohne Badepause.

Von Sharjah sind es knapp 100 km bis an die Ostküste. Die Fahrt ist landschaftlich reizvoll: Das Emirat verfügt über eine florierende Landwirtschaft, streckenweise geht es aber auch durchs Hajar-Gebirge. Unterwegs könnten Sie im Sharjah Desert Park stoppen, doch für diesen empfiehlt sich ein eigener Tagesausflug. Bei Masafi biegen Sie links ab in Richtung Dibba mit seinem kleinen Hafen, wo es auch ein Restaurant gibt – oder Sie warten mit dem Mittagessen noch bis Khor Fakkan. Unterwegs kommen Sie durch **Badiyah** › S. 158, wo die älteste Moschee der VAE steht. In **Khor Fakkan** können Sie im Oceanic Hotel › S. 158 essen und am weißen Sandstrand baden.

147

Für den Rückweg fahren Sie entlang der Küste nach Süden und biegen bei der Stadt **Fujairah** › S. 158 rechts ab ins Landesinnere. Vorher können Sie noch kurz durch Fujairahs Altstadt bummeln, die allerdings nichts Spektakuläres zu bieten hat. Falls Sie an einem Freitag unterwegs sind, sollten Sie am Strand nördlich von Fujairah stoppen – dann finden hier die beliebten **Bullenkämpfe** › S. 158 statt.

Verkehrsmittel

Das Emirat Sharjah verfügt über einen internationalen Flughafen etwas außerhalb der Stadt, der allerdings nicht von allen Airlines bedient wird.

Um in die anderen Emirate zu gelangen, buchen Sie bei den örtlichen Reiseagenturen einen Tagesausflug oder – individueller – nehmen Sie sich einen Mietwagen.

Unterwegs in Sharjah

Die *Stadt Sharjah **8**

Die moderne Stadt (ca. 400 000 Einw.) hat die wechselvollste Vergangenheit aller Städte der VAE. Während der letzten 500 Jahre sah sie sich der Bedrohung durch Portugiesen, Perser und Briten ausgesetzt. Letztere waren es, die den Kampf der Araber gegen die Europäer als »Piraterie« abwerteten und so der Küste ihren Namen (»Piratenküste«) gaben. Zwar vernichteten die Briten die Flotte Sharjahs, befriedeten die Küste und etablierten einen Flottenstützpunkt, doch der Stellung der Stadt als bedeutendes Handelszentrum der Region tat dies keinen Abbruch. In den 1930er-Jahren wurde Sharjah dann auch zum intellektuellen Zentrum der Emirate.

Als sich das Emirat durch den Ausbau der touristischen Infrastruktur schwer verschuldete, sprang Saudi-Arabien finanziell ein, verlangte jedoch als Gegenleistung, dass der Ausschank von Alkohol zu unterbleiben habe. Diese Regelung gilt bis heute (!).

*Neuer oder Zentraler Suq **A**

Der Neue Suq, wegen seiner Kacheln an den Außenwänden auch Blauer Suq genannt, erstreckt sich am Ufer der Khaled-Lagune. Das moderne Wahrzeichen der Stadt ist leicht an den Windtürmen auf seinen Dächern zu erkennen. Sein Inneres mit klimatisierten Geschäften auf zwei Etagen ist schön mit arabischen Stilelementen verziert. Am Vormittag hat man Ruhe zum Fotografieren, da die Läden erst gegen 10 Uhr öffnen; abends, ab 17 Uhr, ist mehr los.

König-Feisal-Moschee – ein Geschenk des saudischen Königshauses

*König-Feisal-Moschee ❸

Die mächtige Moschee erhebt sich hinter dem Neuen Suq. Das eindrucksvolle Bauwerk ist ein Geschenk des saudischen Herrschers am Sharjah, ein Symbol seines Einflusses und eine der größten Moscheen der Vereinigten Arabischen Emirate. Der große Platz gegenüber der Moschee heißt **Ittihad Square**. Zu Füßen der Säule in seiner Mitte liegen sieben Muscheln mit Perlen, die an die Staatsgründung 1971 erinnern.

*Fischmarkt ❹

Eine Fußgängerunterführung unter der viel befahrenen Arouba Street führt zum Fischmarkt hin-

über. Entlang den Kaimauern liegen Dhaus vor Anker und überall wird der frische Fang aus dem Arabischen Golf verkauft. Besuchern bietet sich hier ein lebhaftes und buntes Bild – vor allem in den Morgenstunden, wenn die Fischer gerade zurückkehren und ihren nächtlichen Fang ausladen.

Dhau-Hafen und Suq al-Arsah ❺

Vom Fischmarkt ist es nicht weit zum Hafen, wo heute noch die Dhaus Waren löschen oder neue an Bord nehmen. Kaum zu glauben, was alles transportiert wird – es gibt immer etwas zu gucken.

Gegenüber liegt der **Suq al-Arsah**, der alte Suq. Seine überdachten Gassen spenden erfrischenden Schatten und sind in erster Linie Domäne der Antiquitätenhändler. Im **Al Arsah Coffee Shop** gibt's arabischen Kaffee.

 ### 12 *Heritage Area mit Museen

Alle Museen in Sharjah haben dieselben Öffnungszeiten: Di–Do 9–13, 17–20 Uhr, Fr nur 17–20 Uhr, Mi Nachmittag nur für Frauen. Einzeleintritte kosten etwa 3–5 Dh., das **Sammelticket** für 20 Dh. gilt einen Tag lang.

Der alte Suq liegt am Rande der schönen Heritage Area. Mit originalgetreuen Baumaterialien wurden historische Handelshäuser wie das ca. 160 Jahre alte **Bait an-Nabouda** **E** aufwendig restauriert und begehbar gemacht.

Das **Museum für traditionellen Schmuck** zeigt Objekte, mit denen sich früher Frauen – aber durchaus auch Männer – verschönerten. Wie man giftige Pflanzensäfte heilbringend zusammenrührt, erfährt man im **Museum der Hausmedizin.** Im **Spielzeug-**

A Neuer Suq
B König-Feisal-Moschee
C Fischmarkt
D Suq al-Arsah
E Bait an-Nabouda
F Festung al-Husn/Völkerkundemuseum
G Sharjah Art Museum
H Museum of Islamic Civilisation
I Al Qasba
J Maritime Museum/ Sharjah Aquarium

Sharjah

0   500 m

Arabischer Golf

M̄ J

Al Meena Road

Al Khan Road

Arouba   Road

Al Buheira Road

Al Khan Lagune

■ Eye of the Emirates

I

Khalid Lagune

Corniche Road

Al Majaz Park

museum können die High-Tech-Kids von heute darüber staunen, mit welch einfachen Dingen sich die Kleinen früher beschäftigten.

Die im Zuge der Bautätigkeit fast völlig niedergerissene **Festung al-Husn** ❻ baute man nach altem Vorbild wieder auf. Jetzt ist sie ein **Völkerkundemuseum**.

Arts Area

Gleich nebenan liegt die Arts Area – die »Künstlerecke«. Sie besteht im Wesentlichen aus dem **Künstlerviertel,** fünf historischen Gebäuden mit Ateliers, Verkaufsgalerien, einem **Künstlercafé** sowie dem **Sharjah Art Museum** ❼. Dessen unattraktive moderne Fassade lässt kaum erahnen, dass sich im Inneren interessante Ausstellungen zeitgenössischer Malerei und Fotografien verbergen.

Museum of Islamic Civilisation ❽

Weiter die Corniche entlang stößt man auf dieses neue Museum. Die gut 5000 Exponate stammen zum Teil aus dem ehemaligen Islamic

Museum in der Heritage Area und aus der Privatsammlung des Herrschers von Sharjah. Neben der Geschichte der Religion er-**Echt gut!** fährt der Besucher viel über **die wissenschaftliche Entwicklung im Lauf der Jahrhunderte.** So sind eine Weltkarte von 1099 und historische Schriften ausgestellt (Sa–Do 8–20, Fr 16–20 Uhr).

Al Qasba ❶

Dieser etwa 1 km lange Kanal verbindet die Lagunen Khalid und Al Khan. Zu beiden Seiten finden sich zahlreiche Restaurants und Geschäfte. Besonders am Abend lohnt sich ein Spaziergang, wenn das 60 m hohe Riesenrad **Eye of the Emirates** hell erleuchtet ist. Auf einer Fahrt kann man an klaren Abenden bis Dubai blicken (Sa–Mi 16–24, Do/Fr 15–24 Uhr).

Maritime Museum und Sharjah Aquarium ❻

In Al-Khan, nahe der Badehotels, sind diese Attraktionen zu finden. Das **Museum** informiert über die Handelsgeschichte Sharjahs auf See, das benachbarte **Aquarium** über das Leben im Meer (beide Sa–Do 8–20, Fr 16–20 Uhr).

Science Museum und Archeological Museum

Beide Museen liegen etwas außerhalb des Zentrums am Kreisverkehr Cultural Square und bedienen sich modernster Technologie. Das **Science Museum** beschäftigt sich mit den unterschiedlichsten Aspekten, vom menschlichen Körper bis zum Sternenhimmel im angeschlossenen Planetarium. Das **Archäologiemuseum** klärt im ersten Raum die Frage, was Archäologie überhaupt ist und was Forscher heute bewegt, anschließend schildert es die Geschichte des Emirates.

Echt gut!

Die interessantesten Museen

■ Um Kulturstadt Arabiens zu werden, muss man schon etwas Besonderes bieten – wie z.B. das **Islamische Museum** in Sharjah. Nicht die Religion steht im Mittelpunkt, sondern die geistigen Errungenschaften der islamischen Welt. ❯ S. 151

■ Eine junge Kunst und ihre spannende Entwicklung in einem arabischen Land – im **Sharjah Art Museum** geht es um Malerei. ❯ S. 151

■ Die Unterbringung in der alten Festung könnte passender nicht sein, das moderne Konzept zur Darstellung der Vergangenheit ist optimal: Deshalb gehört das **Dubai Museum** einfach ins Programm. ❯ S. 126

■ Münzen und Briefmarken – klingt öde? Hören Sie Herrn Latif al-Balushi zu, Gründer des **Bait Adam Museum** in Masqat, wie er mit spannenden Geschichten die kleinen Pappmarken zum Leben erweckt. ❯ S. 56

Sharjah Desert Park

Knapp 40 km südlich der Stadt erstreckt sich der Desert Park, ein großes Wildgehege mit seltenen Tieren. Hier lässt sich ein ange-

nehmer Tag verbringen. Oryx-
Antilopen sind ebenso zu bewundern wie der bedrohte Arabische
Leopard. Vom Café schweift der
Blick über einen kleinen See mit
Flamingos. Mit zu den besten seiner Art gehört das **Naturhistorische Museum** auf dem Gelände,
dessen fünf Ausstellungsräume
sich u.a. mit dem Weltall, mit
Ökologie und mit der Unterwasserwelt der VAE beschäftigen. Das
mechanische Kamel mit der »gläsernen Haut« ist nur eine von vielen Attraktionen (Di, Mi, Sa 9–19,
Do 12–19, Fr 14–19 Uhr).

Info

**Info Sharjah Commerce and Tourism
Development Authority**
Tel. 06/5 56 27 77][Fax 5 56 30 00
www.sharjah-welcome.com

Verkehr

■ **Flughafen: Sharjah International
Airport** (15 km vom Zentrum), Taxi:
ca. 30 Dh. **Flugauskunft: Tel. 06/
558 11 11, www.sharjahairport.com.**
■ **Mietwagen:** Am Flughafen oder in
der Stadt: **Avis,** Tel. 06/559 59 25;
Budget, Tel. 06/572 76 00.
■ Kein öffentlicher Nahverkehr. In der
Stadt selbst erreicht man alle Sehenswürdigkeiten bequem zu Fuß, zu abge-
legeneren Zielen nimmt man ein Taxi.

Hotels

■ **Radisson Blu Resort**
Tel. 06/565 77 77
www.radissonblu.com
5-Sterne-Hotel mit Privatstrand, großzügige Zimmer mit Blick auf die Lagune. Zwei Pools, Bowlingbahnen, Shuttlebus nach Dubai. ●●●

Fischmarkt in Sharjah

■ **Lou'Lou'A Beach Resort**
Al-Meena Rd.][Tel. 06/528 50 00
www.loulouabeach.com
Zweigeschossige Anlage mit modern
ausgestatteten Zimmern. Gutes Preis-
Leistungs-Verhältnis, viele deutsche
Gäste. ●●●
■ **Sharjah Grand Hotel**
Al-Meena Rd.][Tel. 06/528 55 57
www.sharjahgrand.com
Freizeitwelt mit mehreren Restaurants,
Strand, Swimmingpool mit Rutsche
und einer Reihe von Angeboten für
sportliche Aktivitäten aller Art. ●●●
■ **Sharjah Carlton Hotel**
Al-Meena Rd.][Tel. 06/528 37 11
www.sharjahcarlton.com
Gut geführtes Haus in einer Grünan-
lage direkt am Strand nahe dem Stadt-
teil Al-Khan. Pool, Tennisplätze, Fitness-
center. ●●●

■ **Golden Beach Motel**
Al-Meena Rd.][Tel. 06/528 13 31
www.sharjahcarlton.com
42 Chalets und Apartments, familien-
freundlicher Strand, großer Pool. ●●

■ **Prime Tower**
nördlich des Faisal Square im Stadt-
teil Abu Shagara
Tel. 06/559 08 18
prime@hotmail.com
80 große, saubere Zimmer. Coffeeshop
mit gutem Frühstück. ●

Restaurants

■ **The Rendezvous Restaurant**
Marbella Resort][Tel. 06/574 11 11

Internationale und orientalische
Spezialitäten. ●●●

■ **Sharjah Dhau Restaurant**
an der Khaled-Lagune, 5 Gehminuten
vom Zentralen Suq
Tel. 06/573 02 22
Feine Fisch- und Grillgerichte sowie
freitags ein gutes, reichhaltiges Mit-
tagsbuffet auf einer dauerhaft veran-
kerten Dhau. ●●

■ **Automatic Restaurant**
Buhaira Corniche
Tel. 06/572 73 35
Einfaches Lokal mit guter arabischer
Küche und schönem Blick über die
Lagune. ●

Unterwegs in Ajman

Mit 260 km² ist Ajman an der
Westküste das kleinste der Emirate. Es besteht aus der gleichnamigen Stadt und zwei kleinen Exklaven im Hinterland: Masfut am
Fuß des Hajar-Gebirges nahe der
omanischen Grenze und das ca.
60 km von der Küste entfernte
Manama, eine Dattelpalmenoase.

Das Erscheinungsbild der lebhaften Stadt **Ajman** 🄈 (ca.
250 000 Einw.), die an der Mün-
dung des Meeresarms Khor Ajman liegt, hat sich in den letzten
Jahren sehr stark verändert. Vom
alten Baubestand ist mit Ausnah-
me des Forts am Central Square
so gut wie nichts erhalten. Heute
beherbergt das Fort ein kleines,
aber feines *Museum mit einer
Sammlung alter Manuskripte,
Waffen und archäologischer Fun-

de sowie einige rekonstruierte
Räume, die das Alltagsleben vergangener Zeiten dokumentieren
(So–Do 9–13, 16–19 Uhr, Fr nur
16–19 Uhr, Sa geschl.).

Gegenüber vom Haupteingang
des Museums befindet sich eine
restaurierte **Suq-Straße,** die einen
kurzen Bummel lohnt.

Hotels

■ **Ajman Kempinski Hotel & Resort**
Arabian Gulf St.][Tel. 06/714 55 55
www.kempinski.com
Bestes Haus am Platz mit vier Restaurants (darunter das »Café Kranz-
ler«), Strand, Fitnesscenter, Spa mit
Ayurveda-Behandlungen und Shuttleservice nach Dubai. ●●●

■ **Ajman Beach Hotel**
Arabian Gulf St.][Tel. 06/742 33 33
www.ajmanbeachhotel.com

Echt
gut

Strandhotel der Mittelklasse mit angenehmen Zimmern. ●●

Restaurants

■ **Kuwait Restaurant**
Ecke Humaid Bin Abduk Azit St./Abu
Baker Al-Siddiq St.
Indische Küche, sehr gute *biryanis*. ●

■ **Dhow Restaurant**
zwischen der Anlegestelle für Fischer-
boote und dem Gemüsemarkt.
Die Innenarchitektur erinnert an ein
Kaffeehaus im traditionellen Barasti-
Stil. ●

Der Eingang zum Museum
in Ajman

Unterwegs in Umm al-Quwain

Das 777 km² große Emirat liegt
eingekeilt zwischen Sharjah und
Ras al-Khaimah am Arabischen
Golf. Dank seiner Fischereiflotte
und einiger großer Farmen im
Landesinneren ist es ein wichtiger
Nahrungsmittellieferant für die
VAE. Umm al-Quwain ist von der
Bevölkerungszahl her das kleinste
der Emirate – und zugleich das
ursprünglichste.

Die Hauptstadt **Umm al-
Quwain** 🔟 (41 500 Einw.) liegt
hübsch auf einer Halbinsel. Ihre
Sehenswürdigkeiten beschränken
sich auf das unscheinbare Fort
und die Moschee. Es gibt keine
Hochhäuser, dafür aber noch einige alte Bauten im traditionellen
Stil. Unweit liegt der Hafen, der
vor allem von Fischern frequen-
tiert wird.

Bei Wassersportlern ist Umm
al-Quwain wegen seines Meeres-

arms mit vielen kleinen Buchten,
Inseln und Sandbänken sehr beliebt (Marine Club & Riding Centre, Tel. 06/444 38 29).

Etwa 20 km nördlich der Stadt
liegt der **Dreamland Aqua Park**
(tgl. 10–18 Uhr), ein großes Frei-
bad mit vielen Rutschen, einer
Go-Kart-Bahn und diversen Restaurants.

Der **Umm Al-Quwain Aero-
club** vor den Toren der Stadt (Tel.
06/768 14 47, www.dropzone.
com) bietet sowohl Rundflüge als
auch die Möglichkeit für einen
Fallschirmsprung.

Hotels

■ **Umm al-Quwain Beach Resort**
Tel. 06/766 66 47
uaqbeachhotel@hotmail.com
Hübsche Anlage direkt am Strand mit
kleinen Bungalows und schickem Pool.
●●

Freizeitvergnügen an der Corniche von Umm al-Quwain

■ **Pearl Hotel**
Tel. 06/766 66 78
pearlhot@emirates.net.ae
Älteres, gepflegtes Haus 5 km südl. der
Stadt. Pool, Restaurant, Bar. ●●

■ **Barracuda Beach Resort**
Tel. 06/768 15 55
www.barracuda.ae
Apartmentanlage mit Pool und guten
Wassersportmöglichkeiten. ●●

Unterwegs in Ras Al-Khaimah

Das nördlichste der Emirate ist sehr fruchtbar. An den Abhängen der Berge und zur Wüste hin breiten sich grüne Felder und üppige Oasen aus. Für die wirtschaftliche Zukunft setzt das Emirat voll auf den Tourismus. Auch hier scheint man ohne künstliche Inseln nicht auszukommen: Vor der Küste entstehen die Al Marjan Islands.

Der Teilstaat kann auf eine reiche Geschichte verweisen. Nahe den heißen Quellen von **Khatt** wurden Scherben und Feuersteine aus dem 3. Jtsd. v.Chr. gefunden. Im 7. Jh. n.Chr. stieg **Julfar** zu einer bedeutenden Hafenstadt auf.

Wie in Dubai teilt ein Creek auch die Hauptstadt **Ras al-Khaimah** **11** (210 000 Einw.) in zwei Hälften. Von der alten Stadt ist kaum etwas geblieben, lediglich der ***Fischerhafen** lohnt einen Besuch. Etwa 500 m weiter nördlich liegt der **Suq** im ältesten Teil der Stadt direkt am Creek. Wie üblich ist auch in Ras al-Khaimah das *Museum im alten Fort untergebracht. Die Ausstellung gibt einen Einblick in die Flora und Fauna und präsentiert archäologische Fundstücke. Besondere Beachtung verdient der alte Windturm, der noch funktioniert (Mo, Mi bis So 8–12, 16–19 Uhr).

Im Winter finden jeden Freitag Kamelrennen statt, manchmal auch am Dienstag und Mittwoch. Die Rennstrecke Ras al-Khaimahs ist die beste der VAE und daher populär.

Das Angebot an sportlichen Aktivitäten ist groß. Golfspieler finden zwei 18-Loch-Rasen-Parcours, die sogar mit Flutlicht operieren (Al Hamra Golf, www. alhamragolf.com; Tower Links Golf, www.towerlinks.com). Im **Al Hamra Marina & Yacht Club** können sowohl Hochseeausflüge als auch Segelboote gemietet werden. In den 100 Geschäften der **Al Hamra Mall** kann man nach Souvenirs, Designerklamotten oder Elektroartikeln stöbern.

Für archäologisch Interessierte lohnt ein Ausflug in den 5 km entfernten Ort **Shimal**. Ausgrabungen belegen, dass hier bereits im 2. Jtsd. v. Chr. Menschen siedelten. Die Ruinen einer befestigten Anlage sollen der Legende nach ein Palast der Königin von Saba gewesen sein.

Wenige Kilometer südlich der Stadt liegen die Thermalquellen von **Khatt,** deren Heilkräfte auch im nahegelegenen Khatt Springs Hotel & Spa angewendet werden.

Hotels

■ **Ras al-Khaimah Hotel**
Tel. 07/236 29 99
www.rak-hotel.ae
Auf einer Anhöhe direkt über dem Dhauhafen. Wassersport, Squash, Tennis. Gute Küche. ●●●

■ **Al Hamra Fort Hotel & Resort**
Tel. 07/244 66 66
www.alhamrafort.com
Im Festungsstil errichtetes Haus an einem weiten, leeren Strand etwa 20 km südlich der Stadt (Shuttlebus). Zimmer mit Meerblick. ●●●

■ **Banyan Tree Al Wadi**
Tel. 07/206 77 77
www.banyantree.com
Umgeben von einem 100 Hektar großen, für Hotelgäste zugänglichen Naturschutzgebiet kann man hier entspannte Poolatmosphäre genießen. Eigener Golfplatz! ●●●

■ **The Cove Rotana Resort**
Tel. 07/206 60 00][**www.rotana.com**
Ein weiteres entspanntes Badehotel der gehobenen Kategorie als Alternative zu den Dubaier Hotels. ●●●

Restaurants

■ **Seafood Market**
Al-Hamra Fort Hotel][**Tel. 244 66 66**
Ausgesuchte Delikatessen aus Neptuns Garten. ●●●

■ **Al-Sana Restaurant**
im Ras al-Khaimah Hotel
Tel. 07/236 29 99
Der Bogen der angebotenen Speisen spannt sich von Europa bis China. ●●

■ **Al-Araibi Restaurant**
Oman Street
Lamm und Huhn vom Grill, Shish Kebab und andere arabische Spezialitäten. Vor allem Einheimische genießen es, hier zu essen. ●

Unterwegs in Fujairah

Wegen seiner Lage zwischen den Hängen des schroffen Hajar-Gebirges und der wildromantischen Ostküste am Golf von Oman gilt das Emirat als das landschaftlich schönste der VAE.

Die Stadt **Fujairah** 🄁 (140 000 Einw.) hat kaum etwas zu bieten. Die Altstadt ist klein, lediglich die Auswahl an Restaurants und Einkaufs-Optionen ist erklecklich.

Nicht weit von der Altstadt liegt das **Museum.** Prunkstück der archäologischen Sammlung ist ein Behälter, der aus einem Straußenei gefertigt wurde. In der ethnologischen Abteilung findet man alte Fotografien, Waffen, Werkzeuge, Haushaltsgeräte und historische Kleidung (So–Do 8–13, 16–18, Fr 14–18 Uhr).

Eine Attraktion sind die friedlichen **Bullenkämpfe** an einem Strand nördlich der Stadt, die oft freitags gegen 16 Uhr beginnen. Die Tiere versuchen, sich gegenseitig aus dem Ring zu drücken.

Der kleine Ort **Bidiyah** 🄃 besitzt die älteste ***Moschee** der VAE. Sie ist über 300 Jahre alt; die Architektur des restaurierten Bethauses lässt vermuten, dass es von einem Jemeniten erbaut wurde.

Hotels

■ **Le Meridien Al Aqah Beach Resort**
Tel. 09/244 90 00
www.lemeridien.com
Glaspalast ca. 50 km nördlich der Stadt. Schöner Strand, Sport- und Ausflugsangebot, PADI-Tauchcenter. ●●●

■ **Hilton International**
Al-Paseel Rd.
Tel. 09/222 24 11
www.hilton.com
Großes, modernes Haus mit Restaurant und Blick auf den Ozean. ●●●

■ **Oceanic Hotel**
in Khor Fakkan
Tel. 06/238 51 11
www.oceanichotel.com
Großes, modernes Badehotel in der Exklave des Emirates Sharjah am Golf von Oman, schöne Lage am Strand einer großen Bucht. ●●●

Restaurants

Gute und günstige Lokale gegenüber dem Hilton, z.B. Taj Mahal, **Hamad bin Abdallah Rd.,** ●●; Arous al Bahr und Al-Meshwar. ●

Die Moschee in Bidiyah

Infos von A–Z

Ärztliche Versorgung
Die medizinische Versorgung entspricht durchaus europäischem Niveau. In Abu Dhabi, Dubai und Masqat verfügen die meisten Hotels über Vertrauensärzte, die Deutsch oder Englisch sprechen. Behandlungen sind für Touristen kostenpflichtig, deshalb empfiehlt sich der Abschluss einer privaten Auslandsreisekrankenversicherung. Apotheken *(pharmacies)* sind in Oman und den VAE in fast jedem Ort zu finden, sie führen das gängige europäische Sortiment.

Alkoholika
Alkohol ist in Hotels und lizenzierten Restaurants erhältlich; das Emirat Sharjah gilt als »trocken«. Die Gesetze bezüglich alkoholisierten Auftretens in der Öffentlichkeit sind sehr streng.

Ausreise
Die Ausreisegebühr am Flughafen Masqat ist in der Regel bereits im Ticketpreis enthalten; auf dem Landweg zahlen Sie an den Grenzübergängen 2 Rial pro Auto. Bei Ausreise aus den VAE ist eine Gebühr von 20–25 Dirham pro Person in Landeswährung oder per Kreditkarte (nur Visa) zu entrichten. Das Emirat Dubai erhebt keine Ausreisegebühren (> S. 19).

Weder aus Oman noch aus den Vereinigten Arabischen Emiraten dürfen antike Gegenstände, archäologische Fundstücke oder Korallen und Muscheln ausgeführt werden.

Behinderte
Einrichtungen für Behinderte gibt es in beiden Ländern, in Oman gelten sie als vorbildlich. Öffentliche Gebäude müssen behindertengerecht zugänglich sein, Ämter, Hotels und Shoppingcenter

müssen gesonderte Parkplätze zur Verfügung stellen. Information und Ratschläge: **Association for the Welfare of the Handicapped Children,** Masqat (Oman), Al-Ghobra, P.O. Box 1056, Tel. 24 59 18 22.

In den Emiraten kümmert sich die **Handicapped Guardian Association** um die Belange behinderter Menschen: P.O. Box 25800, Sharjah, Tel. 06/556 42 22, www.hga-uae.org.ae.

Diplomatische Vertretungen
Vertretungen in Europa
■ **Botschaften des Oman:**
D-14195 Berlin, Clayallee 82, Tel. 0 30/81 00 51-0, Fax 81 00 51 99, botschaft-oman@t-online.de;
A-1090 Wien, Währinger Str. 2–4, Tel. 01/3 10 86 43, Fax 3 10 72 68, embassy.oman@chello.at;
CH-1292 Chambésy, Chemin de Roilbot 3 a, Tel. 0 22/7 58 96 60, Fax 7 58 96 66
■ **Botschaften der VAE:**
D-10785 Berlin, Hiroshimastr. 18–20, Tel. 0 30/51 65 16, Fax 51 65 19 00, www.vae-botschaft.de;
A-1190 Wien, Peter-Jordan-Str. 66, Tel. 01/3 68 14 55, Fax 3 68 44 85, emirates-vienna@utanet.at;
CH-1209 Genf, 58, rue Moillebeau, Tel. 0 22/9 18 00 00, Fax 7 34 55 62, mission.uae@ties.itu.int
Botschaften in Oman:
■ **Deutschland:** Masqat, Ruwi, Al-Nahdah Street, Tel. 24 83 24 82, Fax 24 83 56 90, info@maskat.diplo.de

■ **Österreich:** Masqat, Ruwi, Moosaa
Abdul Rahman Hassan Complex,
Bldg. 477, Zimmer 203–204, Ruwi,
Tel. 24 79 31 35, Fax 24 79 36 69,
maskat-ob@bmaa.gv.at

■ **Schweiz** (Honorarkonsulat):
Masqat, Al Qurm, Al Asfoor Plaza Bldg.,
Tel. 24 56 82 02, Fax 24 56 82 06,
consulch@omantel.net.com

Botschaften in den VAE:

■ **Deutschland:** Abu Dhabi, Abu
Dhabi Mall/Towers at the Trade Center,
West Tower, 14th Floor,
Tel. 02/644 66 93, Fax 02/644 69 42,
www.abu-dhabi.diplo.de; Generalkon-
sulat: Dubai, Bur-Dubai, New Sharaf
Bldg. (Dubai Islamic Bank Bldg.),
Khalid bin al Waleed Rd., 1st Floor,
Tel. 04/397 23 33, Fax 397 22 25,
www.dubai.diplo.de

■ **Österreich:** Abu Dhabi,
Al Khazna Tower, Najda St.,
Tel. 02/676 66 11, Fax 671 55 51,
abu-dhabi-ob@bmaa.gov.at

■ **Schweiz:** Abu Dhabi, Dhabi Tower,
Hamdan St., Tel. 02/627 46 36,
Fax 626 96 27; Konsulat in Dubai,
Dubai World Trade Center,
Tel. 04/329 09 99, Fax 331 36 79,
vertretung@dai.rep.admin.ch

Einreise

Für die Einreise ins Sultanat **Oman**
benötigt man neben einem noch sechs
Monate gültigen Reisepass ein Visum.
Deutsche, Österreicher und Schweizer
erhalten es gegen Gebühr (derzeit
20 Rial) bei der Einreise am Flughafen
Masqat und an den wichtigsten Grenzübergängen. Es berechtigt zur einmali-
gen Einreise und 30 Tagen Aufenthalt.
Bei der Polizei in Masqat kann es –
ebenfalls für 20 Rial – um 30 Tage verlängert werden.

Für die Einreise in die **Vereinigten
Arabischen Emirate** brauchen Sie nur
einen noch mindestens sechs Monate
gültigen Reisepass. Deutsche, Österrei-

cher und Schweizer erhalten bei der
Einreise an allen Flug- und Seehäfen
sowie an allen Grenzübergängen ein
kostenloses Visum für vier Wochen, das
gegen Gebühr verlängert werden kann.
Vor der Reise sollte man sich bei den
Behörden nach den aktuellen Bestimmungen erkundigen: Jeder »illegale«
Tag wirdBesuchern der VAE bei der
Ausreise mit 100 Dh. in Rechnung
gestellt.

Feiertage

Die religiösen Feiertage richten sich
nach dem islamischen Mondkalender
und verschieben sich daher jedes Jahr
gegenüber dem gregorianischen Kalender um ein paar Tage.

■ **Islamisches Neujahr (Al-Hijra):**
26.11.2011, 15.11.2012, 5.11.2013

■ **Mohammeds Geburtstag
(Maulid):** 4.2.2012, 24.1.2013

■ **Ramadan-Beginn:** 1.8.2011,
20.7.2012

■ **Id al-Fitr** (Ende der Fastenzeit):
31.8.2011, 19.8.2012

■ **Hammelfest (Id al-Adha):**
7.11.2011, 26.10.2012

■ **Nationale Feiertage in den VAE:**
1.1. (Neujahr), 2. und 3.12. (Nationalfeiertag) sowie 6.8. (Thronbesteigung
Scheich Zayeds).

■ **Nationale Feiertage in Oman:**
18.11. (Geburtstag Sultan Qaboos').

Fotografieren

Abgesehen von Militäranlagen, Flug-
und Seehäfen, Ölförderanlagen und mit
»No Photography« gekennzeichneten
Gebäuden gibt es keine Beschränkun-
gen. Menschen, v.a. Frauen, müssen Sie
vor dem Fotografieren um Erlaubnis
bitten – Missverständnisse können bei
der Polizei und mit der Beschlagnahme
des Films oder Datenträgers enden.

Fotomaterial bzw. Speicherkarten
sind in den größeren Städten erhältlich,
das Preisniveau gleicht dem europäi-

schen. Bei Reisen ins Landesinnere sollte man genügend Material mitführen. Geringe Lichtempfindlichkeit (25 bis 100 ASA) wird empfohlen.

Geld und Währung

Die omanische Währungseinheit ist der Rial Omani (R.O.), unterteilt in 1000 Baizas (Bz.). Währungseinheit in den VAE ist der Dirham (Dh.) = 100 Fils. Hotels, Restaurants und Geschäfte akzeptieren die gängigen Kreditkarten, in den Suqs empfiehlt sich Bargeld. Mit Kredit- oder EC-/Maestro-Karte kann an Bankomaten Geld abgehoben werden. Seit längerem im Gespräch ist eine Währungsunion der Golfstaaten.

Impfungen

Für beide Länder benötigt man Impfungen gegen Hepatitis A und B, Typhus, Diphtherie, Tetanus und Kinderlähmung. Malariafälle sind in den letzten Jahren nicht mehr bekannt geworden; informieren Sie sich bei einem Tropeninstitut über die aktuelle Situation.

Information

Weder Oman noch die VAE verfügen über ein Fremdenverkehrsbüro in Europa. Spezielle Fragen beantworten die jeweiligen Botschaften (> S. 159) bzw. für Oman das **Sultanate of Oman, Ministry of Tourism,** c/o Interface International GmbH, Karl-Marx-Allee 91A, 10243 Berlin, Tel. 0 30/42 08 80 12, Fax 42 25 62 86, www.omantourism.de.

Über Dubai informiert ausführlich: **Government of Dubai Department of Tourism and Commerce Marketing,** Bockenheimer Landstr. 23, 60325 Frankfurt/M., Tel. 0 69/71 00 02-0, Fax 71 00 02 34, www.dubaitourism.co.ae.

Die **Abu Dhabi Tourism Authority** vertritt AVIAREPS Tourism Public Relations, Josephspitalstraße 15, 80331 München, Tel. 0 89/5 52 53 38 35, www.aviarepstourism.com

Internet

Alle größeren Hotels bieten mittlerweile Internetanschluss auf dem Zimmer oder im Business Center. Um die hohen Hotelgebühren zu umgehen, empfiehlt sich der Kauf einer Prepaid-Karte für den Internetzugang. In Einkaufszentren gibt es auch Cafés mit WLAN-Spots.

Kleidung

In der Öffentlichkeit sollten Männer stets lange Hosen, dazu Hemden aus Baumwolle oder kurzärmelige Shirts tragen. Frauen sollten Arme und Knie bedecken. Badekleidung wird nur am Strand toleriert. Das Emirat Dubai hat recht strenge Kleidungsvorschriften für öffentliche Gebäude erlassen: Schultern und Knie müssen dort bedeckt sein.

Medien

Deutschsprachige Zeitungen und Zeitschriften sind nur in großen Hotels erhältlich. In Oman erscheinen täglich auf Englisch der »Oman Daily Observer« und die »Times of Oman«, in den VAE »Khaleej Times« und »Gulf News«; alle behandeln Europa und europäische Ereignisse ausführlich.

Englischsprachige Radiosendungen können in Oman auf FM 90,4 (Masqat) und FM 94,3 (Salalah), in den VAE auf FM 93, die TV-Nachrichtensender BBC und CNN in jedem Hotel, aber auch in Haushalten empfangen werden.

Urlaubskasse	
Tasse Kaffee	0,50 €
Softdrink	0,30 €
Glas Bier	4,50 €
Shawarma	0,50 €
Fruchtcocktail	2,50 €
Taxifahrt (ca. 12 km)	10 €
Mietwagen/Tag	38 €
1 l Superbenzin	0,30 €

Naturschutz
Natur- und Artenschutz wird in Oman und den VAE großgeschrieben. Verschmutzung jeder Art, v. a. aber von Kanälen und Brunnen, sowie Beschädigung von Bäumen sind verboten und werden streng geahndet. Auch das Sammeln von Korallen, Schildkröten, Hummern, Muscheln und Meeresschnecken (Abalonen) ist nicht gestattet.

Netzspannung
Zwischen 220 und 240 V Wechselstrom. Adapter (britische Norm) in Hotels.

Öffnungszeiten (Oman/VAE)
■ **Banken:** Sa–Do 8–12 Uhr, einige Banken Do nur bis 11 Uhr.
■ **Geschäfte:** Sa–Do 8–13, 16–20 Uhr, Fr 9–11, 16–20 Uhr, manche auch länger, in den Suqs auch Fr.
■ **Ministerien:** Sa–Mi 7.30–13.30, Do 7.30–12 Uhr.
■ **Museen:** in der Regel Sa–Do 9–13, 16–19 Uhr, Fr oft nachmittags. In den meisten Museen ist Eintritt zu zahlen (Oman rund 500 Baiza, VAE rund 5 Dh.).
■ **Restaurants:** tgl. 11–15, 18–24 Uhr. Die kleinen Restaurants am Straßenrand haben täglich rund um die Uhr geöffnet (außer Fr 11.30–12.30 Uhr).

Post
Postämter sind in Oman und den VAE Sa–Mi 7.30–13 und 15.30–19.30 Uhr offen. Karten und Briefe nach Europa brauchen etwa sieben Tage. Für eine Karte sind in Oman 150 Bz., in den VAE 1,50 Dh. zu bezahlen, für einen Brief ab 200 Bz. bzw. 2 Dh.

Preisniveau
Oman und die Vereinigten Arabischen Emirate gelten als hochpreisige Destinationen. Die Preise in Hotels der gehobenen und Luxuskategorie und in den ihnen angeschlossenen Restaurants entsprechen jenen in Europa. Wesent-

lich günstiger kann man in kleinen Restaurants in den Städten oder an den zahlreichen Imbissständen essen.

Goldschmuck und Textilien sind in Dubai weitaus preiswerter als in Europa, teuer hingegen sind Dolche oder antiker Silberschmuck in Oman.

Rauchen
Die VAE haben ein striktes Rauchverbot für alle öffentlichen Gebäude eingeführt. Dazu zählen auch die vielen Restaurants und die Einkaufszentren.

Sicherheit
Kriminalität ist fast ein Fremdwort, Angst vor Taschendieben unbegründet. Dennoch sollte man Schmuck oder teure Fotoausrüstungen nicht zur Schau stellen. Das Sprichwort von der Gelegenheit, die Diebe macht, gilt überall!

Über die aktuelle Sicherheitslage informiert das Auswärtige Amt unter www.auswaertiges-amt.de.

Skorpione, Schlangen und Schnecken
Gegen Skorpione schützt man sich am besten durch festes Schuhwerk. Wird im Freien übernachtet, so sollten Kleidung und Schuhe vor dem Anziehen erst einmal ausgeschüttelt werden.

Schlangen wird man höchst selten zu Gesicht bekommen. Wer dennoch gebissen wird, sollte Ruhe bewahren und sich rasch in ärztliche Behandlung begeben. Es ist von Vorteil, wenn die Schlange beschrieben werden kann (evtl. Foto machen).

An den Küsten des Sultanats Oman kommen (sehr selten) die Kegelschneckenarten *Conus pennaceus* und *Conus textile* vor. Bei Berührung sondern diese Tiere ein starkes Nervengift ab.

Sprache
In Oman und in den VAE ist Arabisch Amtsprache. Die allermeisten Verkehrs-

schilder, Hinweistafeln sowie Speise-karten sind zusätzlich in Englisch beschriftet. In den großen Städten sowie in Hotels ist die Verständigung auf Englisch kein Problem.

In den Dörfern des Landesinneren kann es vorkommen, dass man auf Gesten- und Zeichensprache zurück-greifen muss. Es ist auf jeden Fall von Vorteil und wird geschätzt, wenn man sich einige Worte und Sätze auf Ara-bisch aneignet und sich nicht scheut, diese im Gespräch auch zu verwenden.

Telefon

Ferngespräche können von öffentlichen Telefonzellen mit Telefonkarten geführt werden. Bequem, aber viel teurer tele-foniert man vom Hotel aus. Inlandsge-spräche sind von dort innerhalb des jeweiligen Emirats kostenlos.

■ **Internationale Vorwahlen:**
D: 00 49, A: 00 43, CH: 00 41.
Vorwahl von Europa für Oman:
0 09 68. Vorwahl VAE: 0 09 71.

■ **Ortsvorwahl in den Emiraten:**
Abu Dhabi 02, Ajman 06, Dubai 04, Fujairah 09, Ras al-Khaimah 07, Sharjah 06, Umm al-Quwain 06.

■ In **Oman** gibt es keine Vorwahlen.

Telefonbücher im Web:
VAE: www.uae-ypages.com, www.onlineyellow.com; Oman: www.omantel-yellowpages.com

Handy: Sowohl in Oman als auch in den VAE gibt es Telefongesellschaften, die internationale Verträge geschlossen haben. Erkundigen Sie sich vor der Rei-se bei Ihrem Anbieter, wer der entspre-chende Roaming-Partner ist.

Wer viel telefoniert, sollte sich den Kauf einer lokalen Prepaid-Karte über-legen. Das Starterpaket inklusive Sim-Karte (und damit lokaler Mobilnum-mer) und Guthaben gibt es schon für ca. 15–20 € (inkl. 10 € Guthaben.) In Oman bekommt man es z.B. am Flug-hafen in der Ankunftshalle (bei Nawras

oder Omantel), in den Emiraten bieten Etisalat und Du diesen Service. Karten zum Aufladen des Guthabens gibt es in Lebensmittelläden und Tankstellen.

Trinkgeld

Da das Erheben einer *service charge* in den Restaurants der VAE verboten wur-de, freuen sich die Kellner über ein Trinkgeld.

Wasser

Leitungswasser in den Großstädten stammt meist aus Meerwasserentsal-zungsanlagen und kann bedenkenlos getrunken werden. Fast überall gibt es abgefülltes Mineralwasser zu kaufen.

Zeit

Die Zeitdifferenz zu Mitteleuropa beträgt plus drei Stunden im Winter bzw. zwei Stunden während der mittel-europäischen Sommerzeit.

Zoll

Die Einfuhr von Tabak und Parfüm zum persönlichen Gebrauch ist möglich, nach Abu Dhabi, Dubai und Masqat auch von 2 l alkoholischen Getränken. Abgesehen von der israelischen Wäh-rung können Fremd- und die nationalen Währungen unbegrenzt eingeführt werden. Verboten ist die Einfuhr von Waffen, alkoholischen Getränken, Dro-gen, frischen Lebensmitteln und porno-grafischer Literatur. Zeitungen, Zeit-schriften, Bücher und Videokassetten werden auf »Freizügigkeit« überprüft.

Ausreise ▶ S. 159.

Wiedereinreise ins Heimatland: Zollfrei sind 200 Zigaretten, 1 l Hoch-prozentiges oder 2 l Wein sowie Ge-schenke im Wert von 430 € bzw. 300 CHF. Gemäß dem Washingtoner Artenschutzabkommen dürfen Produk-te aus geschützten Tieren und Pflanzen nicht eingeführt werden; Beschlagnah-mung und hohe Geldstrafen drohen.

Register

Bildnachweis

Alamy/PhotoshotHoldingsLtd.: 114; alamy/Rivi Wickramarachchi: 116; alamy/Andi Smith: U2-Top12-12; alamy/World Pictures: 57; alamy/Yadid Levy: 98; Bildagentur Huber/Bernhart: 97; Bildagentur Huber/R. Schmid: U2-Top12-1, U2-Top12-8, 44; Bildagentur Huber/G. Simeone: 28; Dubai Autodrome: 139; Dubai Palm Developpers LLc: 144; Fotolia.com/frawa: U2-Top12-7; Fotolia.com/Tommy Schultz: U2-Top12-2; Johannes Frangenberg: 11, 20, 21, 37, 38, 68, 72, 82, 83, 149, 155, 156; Ralf Freyer, 130, 131, 153; Peter Franzisky: 2-2, 75, 86, 87, 93; Rainer Hackenberg: U2-Top12-3, U2-Top12-4, U2-Top12-5, 22, 36, 49, 51, 53, 54, 55, 71, 76, 78, 79, 80, 136, 143, 158; Bernd Helms: 34, 77, 84, 85; iStockphoto/Alex Jeffries: 30; Jumeirah International Image Library: U2-Top12-11, 24, 25, 29, 120, 134, 138, 140, 145; laif/ Sabine Bungert: 127; laif/Heeb: 89, 94, 109, 119; laif/hemis: 146; laif/Le Figaro Magazine: 102; laif/Konrad Piepenburg: 9, 61; laif/Redux: 23; LOOK-foto/age fotostock: 6, 118; LOOK-foto/Hermann Erber: 1; LOOK-foto/Per-Andre Hoffmann: 58; LOOK-foto/Thomas Stankiewicz: U2-Top12-6, 88; LOOK-foto/Jürgen Stumpe: U2-Top12-9, 42, 67, 110, 128; LOOK-foto/TerraVista: 122; LOOK-foto/travelstock44.de: U2-Top12-10; mauritius-images/ René Mattes: 66; Henning Neuschäffer: 113; Pixelio/elckwe: 2-1; Ernst Wrba: 12, 16. U2-Inspiration: iStockphoto/Sean Randall; Jumeirah International Image Library; Fotolia/ Gordon Grand.

Polyglott im Internet: www.polyglott.de

Impressum

Wir freuen uns, dass Sie sich für einen Reiseführer aus dem Polyglott-Programm entschieden haben. Auch wenn alle Informationen aus zuverlässigen Quellen stammen und sorgfältig geprüft sind, lassen sich Fehler nie ganz ausschließen. Wir bitten um Verständnis, dass der Verlag dafür keine Haftung übernehmen kann. Ihre Hinweise und Anregungen sind uns wichtig und helfen uns, die Reiseführer ständig weiter zu verbessern. Bitte schreiben Sie uns:
Polyglott Verlag, Redaktion, Postfach 40 11 20, 80711 München, redaktion@polyglott.de

Wir wünschen Ihnen eine gelungene Reise!

Herausgeber: Polyglott-Redaktion
Autor: Henning Neuschäffer
Redaktion: Sylvi Zähle
Bildredaktion: Ulrich Reißer
Layout: Ute Weber, Geretsried
Titeldesign-Konzept: Studio Schübel Werbeagentur GmbH, München
Karten und Pläne: Polyglott Kartografie und Kartographie Huber
Satz: Schulz Bild + Text, Hamburg
Druck: Himmer AG, Augsburg
Bindung: »Butterfly«-Bindeverfahren durch Kolibri Industrielle Buchbinderei geschützt durch Gebrauchsmusteranmeldung Nr. 20 2008 013 299.1

© 2011 by Polyglott Verlag GmbH, München
Printed in Germany
Dieses Buch wurde auf chlorfrei gebleichtem Papier gedruckt.
ISBN 978-3-493-55986-6

Mini-Dolmetscher Arabisch

th = hartes englisches th,
dh = weiches englisches th,
ch = wie in Bach

Allgemeines

Guten Morgen	ßabaach_alchär
(Antwort)	ßabaach_innuur
Guten Tag	aßalaamu_aleykom
(Antwort)	ualeykum_ußalaam
Hallo	märhabba
Wie geht's?	käf il_haal
Danke, gut.	alhammdulillah
Ich heiße ...	ismie ...
Auf Wiedersehen.	maaßalama
Morgen	ßabaach
Nachmittag	bada thuhr
Abend	maßaa
Nacht	läla
morgen	buckra
heute	aljoom
gestern	amms
Sprechen Sie Englisch?	(Mann) ant'tatkallm inglisie
	(Frau) antitatkallmi inglisie
Wie bitte?	lau ßamacht
Ich verstehe nicht.	anna la affham
Würde Sie das bitte wiederholen?	kamaan marra lau ßamacht
Langsamer bitte!	schuay-schuay
bitte	min faddlack (zu Mann) / min faddlick (zu Frau)
danke	schukran
Keine Ursache.	al affu
was / wer / welcher	shu / mann / ayya
wo / wohin	uen / illa uen
wie / wie viel	käf / bi kam
wann / wie lange	matta / la ämta
warum	leesch
wie heißt das?	schu ism haadha
wo ist ...?	uen ..
Können Sie mir helfen, bitte?	mummkin anta tißa idni, minn fadlak
ja	aiua / naam
nein	la
Entschuldigen Sie.	mitt aßiff
(Verzeihung)	(ismachli)
rechts	al jamien
links	al jaßaar
Einen Augenblick, bitte.	lachsa schuay

Sightseeing

Gibt es hier eine Touristeninformation?	fi macktab turism
Haben Sie einen Stadtplan?	aindak charieta min al madina
Wann ist ... geöffnet?	matta maftuch ...
... das Museum	... al mathaff
... die Kirche	... al kanißa
... die Festung	... al hißn
Ich möchte ... besichtigen	anna uried an ... asuur
Wir möchten ... besichtigen	nachnu nuried an ... nasuur
geschlossen	murlack
Wann schließt das Museum?	matta tarlack al matthaf
1 Karte bitte.	uaached ticket lau ßamacht
Gibt es einen Führer, der Englisch spricht?	fi daliel bijatkallam inglisie

Shopping

Wo gibt es ...?	uen fi
Wie viel kostet das?	bikamm haadha
Das ist zu teuer.	haadha raali kathier
Das gefällt mir / nicht.	haadha bidschibni / haadha la bidschibnie
Gibt es das in einer anderen Farbe / Größe?	aindack haadha fi laun thaani / rackm ackbar
Ich nehme es.	anna achdhu haadha
Wo ist eine Bank?	uen al bank
Geben Sie mir bitte 100 g	atini miet gramm
Käse / 2 Kilo ...	dschubna / ithnän kilo ...
Haben Sie deutsche Zeitungen?	aindak dscharida almanija
Wo kann ich ...	mummkin uen anna ...
... telefonieren	... atalfana
... eine Telefonkarte kaufen?	... aschtri kart telfoon
Danke, das ist alles.	schukran, haadha kullu
Können Sie mir das einpacken?	mummkin anta tahasam haadha
Ich möchte mich nur umsehen.	anna uried an aschuf bass
Haben Sie Briefmarken?	aindak tabia baried